15 Minuten
20 Minuten

SCHNELLER TELLER

30 Minuten

REZEPTE FÜR JEDEN TAG VON STEVAN PAUL

Effilee

Tre Torri

15 Minuten
30 Minuten
35 Minuten

Minuten

20 Minuten

35 Minuten

15 Minuten

MAKING OF

„Grundsätzlich bemühe ich mich beim Foodstyling um eine schnelle Lesbarkeit der Gerichte", beschreibt Foodstylist Stevan Paul seine Arbeitsweise. „Alle Zutaten sollten gut zu erkennen sein, die Gerichte eine klare Struktur besitzen und appetitlich aussehen." Jeder Teller wird so gekocht und angerichtet, dass er hinterher probiert werden kann. „Bei den Schnellen Tellern war es mir sehr wichtig, optisch die leichte Machbarkeit zu transportieren und Lust aufs Nachkochen zu wecken. Ich wollte keine gekünstelten Türmchen, kein wildes Gekleckse oder theatrale Kräuter, sondern ein naturgetreues Abbild des Kochergebnisses."

Die reduzierte Optik der Schnellen Teller ist ein bewusstes Stilmittel. „Wir wollten einen neuen, schlichten und trotzdem aussagekräftigen Look schaffen", erzählt Fotograf Andrea Thode. „Der Star sollte das Essen sein, nicht das Styling.

Deshalb richten wir die Schnellen Teller auf schmucklosem weißen Geschirr an und fotografieren sie auf Weiß, ohne weitere Komponenten wie Besteck. Ich arbeite nur mit wenigen Aufhellern, um eine möglichst natürliche Lichtstimmung zu erzeugen. So entsteht ein klarer, freundlicher Look, der den modernen, unkomplizierten Charakter der Gerichte unterstreicht."
Ist ein Schneller Teller fotografiert, kommt für die Redaktion der schönste Teil, denn jetzt darf probiert werden: Wer Zeit hat, trifft sich in der Küche. Bevor Stevan Paul sich an seinen Laptop setzt und das Rezept aufschreibt, erklärt er, was bei der Zubereitung wichtig ist. „Muss mehr Parmesan dran? Etwas weniger Salz? Was meint ihr zur Zitrone?", fragt er je nach Gericht. Manchmal wird diskutiert, aber meistens sind sich alle einig: „Hmm, lecker."

„Käsebrot ist ein gutes Brot ...“, singt Helge Schneider.

Richtig, denn ein Käsebrot ist schnell gemacht und passt zu jeder Tageszeit: zum Beispiel der Toast Hawaii 2.0 oder das Ofenraclette-Brot. Die Tortilla-Wraps mit Ziegengouda lassen sich gut vorbereiten und sorgen auch unterwegs für kulinarische Stärkung. Käsebrote im erweiterten Sinn sind das Philly Cheese Steak Sandwich und die Pita-Burger mit Feta-Joghurtsauce – sie ergeben fast eine komplette Mahlzeit.

Auch raffinierte Suppen sollen hier vorgestellt werden, darunter der Grüne Gazpacho mit gebackenen Sushi für heiße Sommertage und der deftige Steckrübeneintopf mit Krabben und Speck für den kalten Winter.

Als Salate kommen spannende Kombinationen wie Tomate-Nektarine, Zucchini-Cashew, Kohlrabi-Apfel oder Ananas-Tomate auf den Teller. Toll als Vorspeise oder auch als Zwischenmahlzeit.

SNACKS_ SUPPEN_ SALATE

Die Ziegengouda-Rollen mit saftigen Birnen, gebratenen Zwiebeln, Frischkäse und süßem Honig-Senf machen sofort süchtig und lassen sich, in Klarsichtfolie gewickelt, auch gut zur Arbeit oder zu einem Ausflug mitnehmen.

TORTILLA-WRAP MIT ZIEGENGOUDA, BIRNE UND GEBRATENEN ZWIEBELN

ZUTATEN FÜR 4 WRAPS

1 Birne
1 rote Zwiebel
2 EL Olivenöl
Salz
Zucker
schwarzer Pfeffer aus der Mühle
4 Eisbergsalatblätter
2 Frühlingszwiebeln
4 Tortilla-Wraps
80 g Frischkäse
8 Scheiben Ziegengouda
4 TL Honig-Senf (siehe Tipp)

ZUBEREITUNG (**20** MINUTEN)

1. Birne waschen, mit einem Apfelausstecher entkernen und in Ringe schneiden. Zwiebel schälen, in Ringe schneiden und beides im heißen Olivenöl 3 Minuten braten. Mit Salz, 1 Prise Zucker und Pfeffer würzen und noch 2 Minuten braten. Auf einem Teller abkühlen lassen. Salatblätter waschen und trocken schleudern, Frühlingszwiebeln putzen und in feine Ringe schneiden.

2. Wraps einzeln zubereiten: Im heißen Ofen bei 150 °C Ober- und Unterhitze ca. 1 Minute erwärmen. Herausnehmen und mit Frischkäse bestreichen, mit Frühlingszwiebeln bestreuen, mit Ziegengouda und Salat belegen. Mit Honig-Senf beträufeln, Birnen-Zwiebelgemüse in die Mitte geben und aufrollen. Sofort genießen oder in Klarsichtfolie gewickelt im Kühlschrank lagern.

20 Minuten

Tipp: Honig-Senf findet sich im gut sortierten Supermarkt (zum Beispiel von „Maille“). Eine Honig-Senfsauce lässt sich aber auch ganz leicht selbst machen: Für die Wraps einfach 2 TL flüssigen Honig mit 2 TL scharfem Senf verrühren.

25 Minuten

Der Bagel ist ein leicht gesalzenes Hefeteig-Rundstück aus der jüdischen Küche, das traditionell erst in Honigwasser oder Milch gekocht und dann goldbraun gebacken wird. Üppig belegt, erfreut sich der Bagel großer Beliebtheit in der Streetfood- und Take-away-Kultur. Bagel-Hochburgen sind New York, Montreal und London.

BAGEL MIT WARMEM BURGUNDERSCHINKEN UND COLESLAW

ZUTATEN FÜR 4 PERSONEN

400 g Burgunderschinken in Scheiben, doppelte Aufschnittstärke
Fleischbrühe
2 EL Mayonnaise
100 g Sahnejoghurt
1 EL scharfer Senf
1–2 TL Weißweinessig
Zucker
Salz, Pfeffer
150 g Möhren
150 g Chinakohl
1 kleiner Apfel
1 rote Zwiebel
2 EL Öl
4 Sesam-Bagel
4 Salatblätter

ZUBEREITUNG (**25** MINUTEN)

1. Burgunderschinken in eine Auflaufform legen, mit ausreichend heißer Fleischbrühe bedecken und im Ofen bei 100 °C Ober- und Unterhitze ca. 10–15 Minuten erwärmen. Mayonnaise, Joghurt, Senf und Essig glatt rühren, mit 1 Prise Zucker, Salz und Pfeffer würzen.

2. Für den Coleslaw die Möhren schälen und dritteln, längs in dünne Scheiben schneiden, dann in feine Streifen. Chinakohl in Streifen schneiden, Apfel waschen, Kerngehäuse entfernen und raspeln. Alles mit der Joghurtmayonnaise vermengen und eventuell nachwürzen.

3. Die Zwiebel schälen, in Streifen schneiden und in einer Pfanne in heißem Öl goldbraun braten. Mit Zucker, Salz und Pfeffer würzen.

4. Bagel halbieren. Die Unterseiten mit gewaschenen Salatblättern belegen, mit etwas Coleslaw, heißem Schinken und den Zwiebeln anrichten. Die Bagel-Oberseite aufsetzen. Übrigen Coleslaw dazu servieren.

Fast Food orientalisch: Im getoasteten Pita-Brot steckt eine scharfe Chilifrikadelle mit kühlend-würzigem Fetakäse und süß-pikantem Rotkrautsalat. Beim Genießen sollte man sich unbedingt Zeit lassen.

PITA-BURGER MIT FETA-JOGHURTSAUCE UND ORIENTALISCHEM ROTKRAUTSALAT

ZUTATEN FÜR 4 PERSONEN

1 kleines Glas Rotkraut (380 g)
40 g Rosinen
½ TL Balsamessig
4 EL Olivenöl
Salz
schwarzer Pfeffer aus der Mühle
500 g rohe, grobe Bratwürste vom Metzger
100 g süßes Mangochutney
1 Knoblauchzehe
1–2 Msp. Chiliflocken (Pul Biber)
100 g Fetakäse
100 g griechischer Sahnejoghurt
1 Tomate
4 kleine Pita-Brote (siehe Tipp)
einige Blättchen Petersilie

ZUBEREITUNG (**25** MINUTEN)

1. Rotkraut in einem Sieb möglichst trocken ausdrücken. Rosinen hacken und in einer Schale mit dem Rotkraut mischen. Mit Balsamessig, 1 EL Olivenöl, Salz und Pfeffer würzen.

2. Bratwürste aus der Hülle drücken, das Brät mit Mangochutney, gehacktem Knoblauch und Chiliflocken verkneten. Mit angefeuchteten Händen 8 Frikadellen formen.

3. Feta in den Joghurt bröseln, mit Salz und Pfeffer würzen. Tomate entstrunken und in Scheiben schneiden.

4. Frikadellen in 3 EL heißem Olivenöl 8 Minuten braten. Pita-Brote im Ofen bei 100 °C Ober- und Unterhitze ca. 2 Minuten erwärmen, längs halbieren und die Unterseiten mit Frikadellen, Tomatenscheiben, Rotkrautsalat, Feta-Joghurt und Petersilienblättchen belegen. Den Deckel aufsetzen und sofort servieren.

25 Minuten

Tipp: Pita-Brote sind kleine Fladenbrote, die in den Brotregalen von gut sortierten Supermärkten oder im türkischen Lebensmittelgeschäft zu finden sind.

15 Minuten

Der Käseklassiker, unkompliziert aus dem Ofen, als alpines Abendbrot serviert. Die gegrillten Paprika und die süßen Zwiebeln harmonieren sehr gut mit dem würzigen Käse und dem feinen Aroma der Kapern.

OFENRACLETTE-BROT MIT PAPRIKA-ZWIEBELN

ZUTATEN FÜR 4 BROTE

120 g rote Zwiebeln
100 g eingelegte, gegrillte rote Paprikaschoten
1 EL Olivenöl
1 EL Kapern
Salz, Pfeffer
4 Scheiben Bauernbrot
3 EL Paprika-Gemüse-Brotaufstrich oder milde Ajvar-Paprikapaste
250 g Raclettekäse, in Scheiben

ZUBEREITUNG (**15** MINUTEN)

1. Zwiebeln schälen und in feine Ringe schneiden. Paprika abtropfen lassen und in feine Streifen schneiden. Öl in einer Pfanne erhitzen, das Gemüse mit den Kapern 2 Minuten braten. Mit Salz und Pfeffer würzen und warm stellen.

2. Brotscheiben mit Paprika-Gemüseaufstrich bestreichen, mit Käse belegen und auf einem Blech mit Backpapier im heißen Ofen bei 220 °C Ober- und Unterhitze auf der zweiten Schiene von oben 6–8 Minuten schmelzen.

3. Die Brote mit dem gebratenen Gemüse anrichten und sofort servieren.

Die Hähnchenschnitzel schmecken dank der Oliven und der getrockneten Tomaten besonders würzig. Die schnelle Sauce aus dem Bratensatz mit Weißwein und Olivenöl zieht beim Servieren köstlich in das Bauernbrot mit der knusprigen Kruste ein.

OLIVEN-HÄHNCHENSCHNITZEL AUF BAUERNBROT

ZUTATEN FÜR 2 PERSONEN

30 g grüne Oliven ohne Stein
30 g getrocknete Tomaten in Öl
½ Knoblauchzehe
3 EL Olivenöl
200 g Hähnchenbrustfilet
30 ml Weißwein
50 ml Geflügelbrühe
Pfeffer
2 Scheiben frisches Bauernbrot
1 Handvoll Rauke

ZUBEREITUNG (**20** MINUTEN)

1. Oliven, getrocknete Tomaten, geschälten Knoblauch und 2 EL Olivenöl mit einem Schneidstab oder in einer Moulinette kurz grob hacken. Hähnchenbrustfilets waschen, trocken tupfen, schräg in dünne Schnitzel schneiden und mit 1 EL Öl vermengen. Fleisch in einer beschichteten Pfanne 5–6 Minuten scharf braten.

2. Die Oliven-Tomatenwürze zugeben und mit Weißwein und Brühe ablöschen. Aufkochen und mit Pfeffer würzen. Fleisch auf den Brotscheiben verteilen, mit dem Sud begießen und mit Rauke belegt servieren.

Tipp: Die pürierten Oliven und Tomaten sind schon sehr kräftig im Aroma, sodass zusätzliches Salzen meist gar nicht nötig ist.

20 Minuten

15 Minuten

Der amerikanische Street-Food-Klassiker ist mit würzigem Senf, pfeffrigem Beef und Chilisauce eine scharfe Angelegenheit. Er schmeckt zu Hause genauso gut wie auf den Straßen von Philadelphia – ich habe mir lediglich erlaubt, die Tubenschmelzkäsezubereitung aus dem Originalrezept durch Raclettekäse zu ersetzen.

PHILLY CHEESE STEAK SANDWICH

ZUTATEN FÜR 4 HOT DOG ROLLS

300 g Rindfleisch-Minutensteaks
100 g grüne Paprikaschote
50 g rote Zwiebel
3 EL Olivenöl
Salz
grober schwarzer Pfeffer aus der Mühle
4 Hot Dog Rolls
Senf
4 Scheiben Raclettekäse, in dünnen Streifen
Chilisauce

ZUBEREITUNG (**15** MINUTEN)

1. Rindfleisch waschen und trocken tupfen. In 2 cm breite Streifen schneiden. Paprika putzen, Zwiebeln schälen und beides in dünne Streifen schneiden. Die Zutaten sollten alle Zimmertemperatur haben. Alles mit Öl vermengen. In einer sehr heißen Pfanne 3–4 Minuten scharf braten und mit Salz und Pfeffer würzen.

2. Hot Dog Rolls aufschneiden. Boden dünn mit Senf bestreichen, Rindfleisch verteilen und mit Käsestreifen belegen. Im Ofen unter den Grill schieben, bis der Käse geschmolzen ist. Mit Chilisauce servieren.

Ihr lieben, goldigen Menschen! So begrüßte Deutschlands erster Fernsehkoch Clemens Wilmenrod seine Gäste 1955, als er den „Toast Hawaii" im Studio zubereitete. Die Kirsche fehlte damals noch, sie wurde erst drei Jahre später im Werbefernsehen von Frau Antje aus Holland aufgesetzt. Wir lassen die Kirsche jetzt wieder weg und haben den alten Klassiker auch sonst ein bisschen renoviert.

TOAST HAWAII 2.0

ZUTATEN FÜR 4 PERSONEN

1 kleine, reife Ananas
3 EL Olivenöl
schwarzer Pfeffer aus der Mühle
8 Scheiben Vollkorn-Sandwich-Toastbrot
½ Bund Schnittlauch
Butter für die Toasts
Salz
8 Scheiben Wacholderschinken
(wahlweise gekochter oder roher Schinken nach Geschmack)
8 Scheiben Raclettekäse
4 Kirschtomaten

ZUBEREITUNG (**15** MINUTEN)

1. Ananas schälen, in 8 Scheiben schneiden und den harten Strunk in der Mitte herausschneiden. Ananasscheiben in einer großen Pfanne im heißen Öl beidseitig scharf braten und mit Pfeffer würzen.

2. Toastbrote toasten und auf ein Blech setzen. Schnittlauch waschen, trocken schütteln und in Röllchen schneiden. Toastscheiben buttern und mit Schnittlauch bestreuen, leicht salzen. Mit Schinken und Ananas belegen, Raclettekäse darauf verteilen.

3. Toasts im heißen Ofen bei 220 °C Ober- und Unterhitze ca. 5 Minuten backen. Kirschtomaten halbieren und vor dem Servieren mittig aufsetzen.

15 Minuten

20 Minuten

Gazpacho, eine kalte Gemüsesuppe mit vielen Tomaten, ist eine spanische Spezialität. In dieser grünen Variante mit süßer Melone, Gurke, würziger Paprika und geschärft mit japanischem Meerrettich, passt sie perfekt zu knusprig gebackenen Sushi.

GEKÜHLTER GRÜNER GAZPACHO MIT GEBACKENEN SUSHI

ZUTATEN FÜR 4 PERSONEN

1 grüne Paprikaschote
300 g grüne Melone
250 g Salatgurke
1–2 EL Weißweinessig
4 EL Olivenöl
3 Scheiben Toastbrot ohne Rinde
½–1 TL Wasabipaste (grüner Meerrettich)
Salz
Öl zum Frittieren
1 Ei (M)
75 ml Eiswasser
100 g Mehl
12 kleine Maki Sushi (in Algenblatt gerollte Sushi)
Knoblauchsprossen

ZUBEREITUNG (**20** MINUTEN)

1. Paprika putzen, Melone entkernen und grob würfeln. Gurke ungeschält grob würfeln. Alles im Mixer mit Essig, Olivenöl, Toastbrot und Wasabi fein pürieren. Mit Salz würzen und kalt stellen.

2. Öl zum Frittieren erhitzen. Ei mit dem Eiswasser verquirlen, Mehl zugeben und mit einem Handrührgerät zu einem glatten Teig verarbeiten, dann salzen.

3. Sushi durch den Teig ziehen, leicht abtropfen lassen und im heißen Öl goldbraun frittieren. Auf Küchenpapier abtropfen lassen, auf Spieße stecken und mit Knoblauchsprossen zum Gazpacho servieren.

Gazpacho, die gekühlte Suppe aus rohem Gemüse und Chilischoten, ist ursprünglich eine andalusische Spezialität, die am besten schmeckt, wenn die Sonne hoch steht oder gerade untergeht. Dazu passen Pinchos (Spieße) mit Hähnchenfleisch, serviert als leichtes Abendessen oder als erfrischender Auftakt zum nächsten Grillfest.

PAPRIKA-CASHEWNUSS-GAZPACHO MIT GEGRILLTEN HÄHNCHENSPIESSEN

ZUTATEN FÜR 4–6 PERSONEN

3–4 Hähnchenbrustfilets
1 unbehandelte Limette
1 geschälte Knoblauchzehe
4 Scheiben Toastbrot
500 ml Sangrita Classico
2 rote Paprikaschoten
½–1 rote Chilischote
3 Tomaten
1–2 TL Weißweinessig
4 EL Olivenöl
80 g gesalzene Cashewkerne
Salz
Öl zum Braten
1 Bund gemischte Gartenkräuter
150 g saure Sahne

ZUBEREITUNG (**25** MINUTEN)

1. Hähnchenfleisch waschen, trocken tupfen und würfeln. Mit fein abgeriebener Limettenschale und Limettensaft sowie dem durchgepressten Knoblauch mischen und kurz ziehen lassen.

2. Toastbrot in einer Schüssel mit Sangrita begießen. Paprika und Chili putzen, von den Tomaten die Strünke herausschneiden und alles grob würfeln. Mit Essig, Olivenöl und 40 g Cashewkernen vermengen. Alles in einem Mixer oder mit einem Schneidstab fein pürieren. Gazpacho mit Salz würzen und kalt stellen.

3. Hähnchenfleisch auf Spieße stecken und in etwas Öl in einer großen Pfanne 6–8 Minuten braten. Wahlweise mit etwas Öl bestreichen und auf dem Grill zubereiten. Mit Salz würzen.

4. Die übrigen Cashewkerne grob hacken, die Gartenkräuter grob zupfen. Cashews, Kräuter und saure Sahne einzeln zum Selbernehmen zu den Spießen und dem Gazpacho servieren.

25 Minuten

30 Minuten

Die Spargelsuppe harmoniert perfekt mit dem rohen Lachs, der durch die Wärme der Suppe nur ganz leicht gar zieht und butterzart bleibt. Die Qualität des Lachses ist entscheidend, am besten bestellt man den Lachs in Sushi-Qualität beim Fischhändler vor. Wer keinen rohen Lachs mag, kann mild geräucherten oder gebeizten Lachs, in Streifen geschnitten, zur Suppe servieren.

SCHNELLE SPARGELSUPPE MIT LACHS-SASHIMI

ZUTATEN FÜR 2 PERSONEN

1 kleine Zwiebel
250 g weißer Spargel
20 g Butter
25 ml trockener Weißwein
200 ml Gemüsebrühe
100 ml Sahne
Salz
Zucker
100 g Bio-Lachs (Sushi-Qualität)
Pfeffer
Zitronensaft
50 g saure Sahne
½ Beet Kresse

ZUBEREITUNG (**30** MINUTEN)

1. Zwiebel schälen, fein würfeln, Spargel schälen und in löffelgerechte Stücke schneiden. Beides in der Butter glasig dünsten, mit Wein ablöschen. Mit Brühe und Sahne aufgießen, aufkochen, mit Salz und 1 Prise Zucker würzen und offen 15 Minuten kochen.

2. Lachs waschen, trocken tupfen und längs in drei dünne Scheiben schneiden, die Scheiben in breite Streifen. Mit Salz, Pfeffer und einigen Tropfen Zitronensaft marinieren.

3. Mit einer Schaumkelle zwei Portionen Spargelstücke herausheben, übrige Suppe mit saurer Sahne pürieren, mit Salz und Pfeffer abschmecken. Spargeleinlage wieder zugeben.

4. Kresse vom Beet schneiden, Suppe mit Lachs und Kresse in vorgewärmten Tellern servieren.

Schneller geht's wirklich nicht mehr: Alle Zutaten für die herbstliche Tomatensuppe mit dem Schneidstab pürieren, erhitzen und fertig. Da bleibt noch genügend Zeit für knackig gebratenen Staudensellerie und würzige Gorgonzola-Sahne. Und schon kann die Suppe ausgelöffelt werden.

SCHNELLE TOMATENSUPPE MIT GORGONZOLA-SAHNE

ZUTATEN FÜR 4 PERSONEN

1 Dose gehackte Tomaten (425 g)
200 ml Gemüsebrühe
500 ml pikanter Tomatensaft
½ geschälte Knoblauchzehe
1 Msp. Currypulver
1 TL Zucker
½ TL Balsamessig
2 EL Olivenöl
Salz
schwarzer Pfeffer aus der Mühle
80 g Staudensellerie mit Grün
20 g Butter
50 g Gorgonzola
100 ml Sahne

ZUBEREITUNG (**20** MINUTEN)

1. Dosentomaten mit Brühe, Tomatensaft, Knoblauch, Curry, Zucker, Essig und Olivenöl pürieren, mit Salz und Pfeffer würzen und langsam aufkochen.

2. Staudensellerie putzen, in feine Scheiben schneiden, das Grün hacken und alles in schäumender Butter 2 Minuten braten, mit Salz würzen. Gorgonzola mit Sahne pürieren, leicht salzen.

3. Die heiße Suppe mit Staudensellerie und Gorgonzola-Sahne anrichten und servieren.

20 Minuten

30 Minuten

Als Gemüse für Kriegszeiten bekannt, spielte die Steckrübe lange keine Rolle in der Alltagsküche. Doch seit einigen Jahren ändert sich das, und zwar völlig zu Recht: Als hervorragend anpassungsfähiger Geschmacksträger liefert die Steckrübe eine feine Basis, auf der sich andere Aromen elegant entfalten können. Ihre besondere Milde bereitet die Bühne für würzigen Räucheraal und süßes Backobst.

STECKRÜBENSUPPE MIT AAL UND BACKOBST

ZUTATEN FÜR 4–6 PERSONEN

600 g Steckrübe
1 kleine Knoblauchzehe
1 EL Öl
30 g Butter
1 EL Zucker
125 ml Weißwein
1,2 l Gemüsebrühe
250 ml Sahne
120 g gemischtes Backobst
4 Stängel Petersilie
150 g mild geräuchertes Aalfilet
Salz, Pfeffer

ZUBEREITUNG (**30** MINUTEN)

1. Steckrübe schälen, fein würfeln und mit dem geschälten und grob gehackten Knoblauch in Öl und Butter kurz andünsten. Zucker und Weißwein zugeben, einmal aufkochen, mit Brühe und Sahne aufgießen und offen 20 Minuten kochen.

2. Backobst und Petersilienstängel im Mixer fein hacken. Aal in mundgerechte Stücke schneiden. 60 g Aalfleisch zur Suppe geben. Die Suppe fein pürieren, mit Salz und Pfeffer abschmecken und mit den übrigen Aalstücken, dem Backobst und der Petersilie anrichten.

Die orientalischen roten Linsen eignen sich perfekt für diesen schnellen Eintopf: Sie sind bereits geschält und werden deshalb wesentlich schneller weich als die ungeschälten braunen oder grünen Tellerlinsen. Sie müssen auch nicht vorab eingeweicht werden. Die marokkanische Gewürzmischung Ras el-Hanout („Das Beste des Ladens") unterstützt den nussigen Geschmack der feinen Linsen.

MAROKKANISCHER LINSENEINTOPF MIT LAMMWURST

ZUTATEN FÜR 4–6 PERSONEN

1 grüne Paprikaschote
1 Zwiebel
1 Knoblauchzehe
3 EL Olivenöl
1–2 Msp. gemahlener Kreuzkümmel
1 TL Ras el-Hanout (wahlweise Currypulver)
1 l Gemüsebrühe
2 Tomaten
2 Frühlingszwiebeln
250 g rote Linsen
4 Lammbratwürste (z. B. Merguez, wahlweise grobe Bratwurst)
2 EL Öl
1–3 TL Weißweinessig
Salz, Pfeffer
6 Stängel Petersilie
milde Peperoni aus dem Glas

ZUBEREITUNG (**25** MINUTEN)

1. Paprika putzen und grob würfeln. Zwiebel und Knoblauch schälen, Zwiebel ebenfalls grob würfeln, Knoblauch durchpressen und alles im Olivenöl glasig dünsten. Mit den Gewürzen bestäuben, kurz anschwitzen und mit Brühe auffüllen. 5 Minuten offen kochen.

2. Tomaten und Frühlingszwiebeln würfeln und mit den Linsen zur Suppe geben. Weitere 10 Minuten kochen. Die Würste in einer Pfanne im heißen Öl 8–10 Minuten unter Wenden braten.

3. Die Suppe mit Essig, Salz und Pfeffer würzen. Petersilie hacken und unterrühren. Auf vorgewärmten Tellern mit Wurst und abgetropften Peperoni anrichten.

25 Minuten

30 Minuten

Tipp: Die Suppe schmeckt auch mit fein gewürfelten Kartoffeln, Süßkartoffeln oder Butternutkürbis

Steckrüben galten früher als Armeleuteessen. Das hat die mit dem Kohlrabi verwandte Riesenknolle nicht verdient und beweist im Zusammenspiel mit Paprika, Sauerkraut, Krabben und knusprigem Speck echte Gourmetqualität. Schmeckt am allerbesten, wenn der Herbstwind ums Haus pfeift.

STECKRÜBENEINTOPF MIT KRABBEN UND SPECK

ZUTATEN FÜR 4–6 PERSONEN

600 g Steckrübe
1 rote Paprikaschote
1 Zwiebel
450 g Sauerkraut
40 g Butter
100 g durchwachsener Speck am Stück
1 EL Tomatenmark
1 EL Zucker
1 EL edelsüßes Paprikapulver
1 TL getrocknetes Bohnenkraut
1 l Gemüsebrühe
250 ml Sahne
Salz
schwarzer Pfeffer aus der Mühle
1 EL Öl
1 Bund Petersilie
150 g Krabben

ZUBEREITUNG (**30** MINUTEN)

1. Steckrübe schälen und würfeln. Paprika entkernen und würfeln, Zwiebel schälen und in Streifen schneiden. Sauerkraut trocken auspressen und klein schneiden. Das Gemüse in der Butter glasig dünsten.

2. Speckschwarte großzügig vom Speckstück abschneiden und dazugeben. Tomatenmark, Zucker, Paprikapulver und Bohnenkraut unterrühren. Mit Brühe und Sahne auffüllen und aufkochen. Mit Salz und Pfeffer würzen. Zugedeckt 20 Minuten kochen.

3. Speck herausnehmen, fein würfeln und in einer Pfanne im Öl knusprig braten. Petersilie hacken und mit den Krabben zum Speck geben. Einmal durchschwenken und vom Herd nehmen. Die Suppe auf Teller verteilen und mit der Krabben-Speck-Mischung servieren.

Ein schöner Sommersalat, der auch mit Fetakäse oder Mozzarella schmeckt und vielfältig einsetzbar ist: als leichtes Sommergericht ebenso wie als Begleiter zu gegrilltem Fisch oder Fleisch. Das Rezept lässt sich leicht verdoppeln oder für eine Grillparty auch vervielfachen.

TOMATEN-NEKTARINEN-SALAT

ZUTATEN FÜR 2 PERSONEN

400 g Tomaten
1 Nektarine oder Pfirsich
1 EL Weißweinessig
1–2 TL flüssiger Honig
3–4 EL Olivenöl
Salz, Pfeffer
1 Stängel Basilikum
200 g Hüttenkäse

ZUBEREITUNG (**10** MINUTEN)

1. Tomaten waschen, Strünke entfernen und in Scheiben schneiden. Nektarine in Spalten schneiden, beides auf Tellern anrichten. Essig mit Honig und Öl glatt rühren, mit Salz und Pfeffer kräftig würzen.

2. Basilikum grob zupfen und über den Salat streuen, Hüttenkäse leicht salzen und verteilen. Alles mit der Vinaigrette beträufeln.

Dazu passen ein gut gekühlter Rosé und Ciabatta.

10 Minuten

20 Minuten

Der Salat ist schon für sich ein Genuss, die Garnelen dazu sollten von allerbester Qualität sein.

ANANAS-TOMATEN-SALAT MIT GARNELEN

ZUTATEN FÜR 4 PERSONEN

4 Tomaten
250 g Ananasfleisch (siehe Tipp)
1 kleine rote Zwiebel
4 Stängel Koriander
Saft von 1 Orange
1 EL Weißweinessig
1 EL Honig
4 EL Olivenöl
Salz, Pfeffer
12–16 Garnelen ohne Kopf, mit Schale
3 EL Öl

ZUBEREITUNG (**20** MINUTEN)

1. Tomaten und Ananasfruchtfleisch in möglichst feine Scheiben schneiden und dachziegelartig auf Tellern oder einer Platte anrichten. Zwiebel schälen, in Ringe schneiden und darauf verteilen.

2. Koriander fein hacken und mit frisch gepresstem Orangensaft, Essig, Honig und Olivenöl verrühren. Vinaigrette mit Salz und Pfeffer würzen und über den Salat träufeln.

3. Garnelen bis zum letzten Glied des Schwanzendes längs halbieren, den Darm entfernen. Die Garnelen unter kaltem Wasser abspülen und mit Küchenpapier trocken tupfen.

4. Garnelen in einer Pfanne im Öl 3–4 Minuten braten. Mit Salz und Pfeffer würzen und zum Salat servieren.

Tipp: Viele Gemüsehändler und Supermärkte bieten Ananas auch geschält an, das macht weniger Arbeit und man sieht, wie reif die Frucht ist: optimal ist goldgelbes, festes Fruchtfleisch.

Knackfrisch und fruchtig ist dieser Salat mit einer Apfelvinaigrette und gerösteten Haselnüssen. Die würzigen Käse-Crostini und vielleicht ein Glas gekühlter Grüner Veltliner sind die perfekten Begleiter.

KOHLRABI-APFEL-SALAT MIT HASELNÜSSEN UND GORGONZOLA-CROSTINI

ZUTATEN FÜR 4 PERSONEN

2 junge Kohlrabi
Salz
½ Bund Schnittlauch
2 EL Essig (Apfel- oder Weißweinessig)
4 EL Apfelsaft
6 EL Olivenöl
1 EL flüssiger Honig
Pfeffer
40 g Haselnüsse, gehackt
1 kleiner Apfel (z. B. Elstar)
½ Baguette
80 g Gorgonzola, mild („dolce")

ZUBEREITUNG (**20** MINUTEN)

1. Kohlrabi mit dem Sparschäler schälen und in möglichst dünne Scheiben schneiden oder hobeln. Die Scheiben salzen und beiseitestellen.

2. Schnittlauch in Röllchen schneiden. Essig, Apfelsaft, Olivenöl, Honig und Schnittlauchröllchen zu einer Vinaigrette verrühren, mit Salz und Pfeffer würzen. Haselnüsse in einer Pfanne ohne Fett rösten.

3. Apfel entkernen und ungeschält in dünne Scheiben schneiden. Mit den Kohlrabischeiben carpaccioartig auf Tellern ausbreiten und mit der Vinaigrette beträufeln.

4. Baguette in 8 Scheiben schneiden und mit Gorgonzola bestreichen. Im heißen Ofen bei 220–250 °C Ober- und Unterhitze 2–4 Minuten backen. Die Salate mit den gerösteten Haselnüssen bestreuen und mit den Käsebaguettes servieren.

20 Minuten

15 Minuten

Zucchini gehören zur Familie der Gartenkürbisse. Sie wachsen schnell, üppig und ausdauernd, sodass mancher Gärtner im Frühsommer nicht mehr weiß, wohin mit der Sommerernte. Dieser schnelle Salat aus rohen Zucchini und Cashewkernen dürfte die Nachfrage erheblich steigern.

ZUCCHINI-CASHEW-SALAT MIT PARMESAN

ZUTATEN FÜR 2–4 PERSONEN

1 kleine Schalotte
½ Knoblauchzehe
1 EL Weißweinessig
1–2 TL flüssiger Honig
3–4 EL Olivenöl
¼ Bund Schnittlauch
Salz, Pfeffer
400 g Zucchini (grün und gelb)
100 g Cashewkerne, geröstet und gesalzen
30 g Parmesan

ZUBEREITUNG (**15** MINUTEN)

1. Schalotte und Knoblauch schälen, fein würfeln und mit Essig, Honig und Olivenöl verrühren. Schnittlauch in Röllchen schneiden und unterrühren. Vinaigrette mit Salz und Pfeffer würzen.

2. Zucchini mit einem Sparschäler längs in dünne Streifen schneiden und mit der Vinaigrette vermengen. Cashewkerne erst kurz vor dem Servieren hacken und unter die Zucchini mengen. Mit frisch gehobeltem Parmesan bestreut servieren.

Tipp: Der Zucchini-Salat sollte immer frisch serviert und gegessen werden, dann haben die Zucchinistreifen noch leicht knackigen Biss.

Geschälte und vorgekochte Rote-Bete-Knollen gibt es vakuumiert im gut sortierten Supermarkt. Die süßen, gerösteten Walnüsse harmonieren sehr gut mit dem erdigen Geschmack der Knolle, die dank Sherryessig und Hüttenkäse eine elegante Frische erhält.

ROTE-BETE-SALAT MIT GERÖSTETEN WALNÜSSEN UND HÜTTENKÄSE

ZUTATEN FÜR 2 PERSONEN

250 g Rote-Bete-Knollen, gekocht
1 EL Sherryessig (ersatzweise Balsamessig)
1 TL flüssiger Honig
2 EL Olivenöl
Salz, Pfeffer
30 g Feldsalat
30 g Walnüsse
½ TL Öl
½ TL Zucker
100 g Hüttenkäse

ZUBEREITUNG (15 MINUTEN)

1. Rote Bete in dünne Scheiben schneiden und auf Teller verteilen. Essig mit Honig und Olivenöl glatt rühren, mit Salz und Pfeffer würzen. Rote Bete mit etwas Vinaigrette bestreichen.

2. Feldsalat putzen, waschen und trocken schleudern. Walnüsse grob zerteilen und in einer Pfanne mit dem Öl 3 Minuten rösten. Zucker zugeben und weitere 2 Minuten rösten, leicht salzen.

3. Hüttenkäse mit Salz würzen. Mit den Nüssen und dem Feldsalat auf der Roten Bete verteilen. Mit übriger Vinaigrette beträufeln.

15 Minuten

20 Minuten

Knackige grüne Bohnen werden mit zarten weißen Bohnen kombiniert und mit Wasabi, einer japanischen Paste aus grünem Meerrettich, geschärft. Dazu passen feiner Räucherlachs und ein Glas gekühlter Sauvignon Blanc!

ZWEIERLEI BOHNENSALAT MIT RÄUCHERLACHS

ZUTATEN FÜR 4 PERSONEN

400 g grüne Bohnen
Salz
1 Dose weiße Bohnen (425 g)
1 Schalotte
2 EL flüssiger Honig
1–3 Msp. Wasabipaste (grüner Meerrettich)
2 EL Weißweinessig
4 EL Olivenöl
1 Stängel Dill
200 g Räucherlachs in Scheiben

ZUBEREITUNG (**20** MINUTEN)

1. Die grünen Bohnen putzen und in Salzwasser 8 Minuten kochen. Kalt abschrecken. Weiße Bohnen in einem Sieb abtropfen lassen.

2. Für die Vinaigrette die Schalotte schälen, fein würfeln und mit Honig, Wasabi, Essig und Olivenöl glatt rühren. Dillspitzen fein hacken und unter die Vinaigrette rühren, mit Salz würzen.

3. Die grünen und weißen Bohnen mit der Vinaigrette mischen. Mit Räucherlachs servieren.

Dieser Weißwurst-Rettich-Salat schmeckt zur Mittagszeit und zum Abendessen. Dazu gibt es Weißbier! Oder trockenen Weißwein, denn der ist auch in der Vinaigrette und sorgt für eine leichte Säure.

WEISSWURST-RETTICH-SALAT

ZUTATEN FÜR 2 PERSONEN

je 1 TL mittelscharfer Senf und süßer Senf
2 EL trockener Weißwein
1 TL Weißweinessig
1 TL Honig
3 EL Olivenöl
Salz
3 Weißwürste
120 g weißer Rettich
4 Radieschen
1 Beet Kresse

ZUBEREITUNG (**15** MINUTEN)

1. Für die Vinaigrette Senf und süßen Senf mit Weißwein, Essig und Honig glatt rühren. Das Olivenöl in Tröpfchen unterrühren, mit Salz würzen.

2. Weißwürste häuten und in Scheiben schneiden. Rettich schälen und in dünne Scheiben schneiden oder hobeln, Radieschen putzen, waschen und in feine Scheiben schneiden. Beides mit den Wurstscheiben auf Tellern anrichten und mit Vinaigrette beträufeln. Mit abgeschnittener Kresse bestreuen.

Dazu passen gebutterte Laugenbrezeln.

15 Minuten

25 Minuten

Die aromatische, süß-säuerliche Forellenbirne lässt sich perfekt mit herzhaften Gerichten kombinieren. Die urdeutsche Birnensorte, deren gelb-rot gepunktete Schale an die Haut von Bachforellen erinnert, passt perfekt zum cremigen Ziegenkäse im knusprigen Speckmantel.

ZIEGENKÄSE MIT BACON UND BIRNENSALAT

ZUTATEN FÜR 4 PERSONEN

1½ EL trockener Weißwein
½ TL scharfer Senf
½ TL flüssiger Honig
½ TL Weißweinessig
3 EL Olivenöl
Salz
schwarzer Pfeffer aus der Mühle
2 Blätter Minze
1 Forellenbirne
4 Ziegenkäsetaler (à ca. 35 g)
4 Scheiben magerer Bacon
1 kleine Handvoll Friséesalat

ZUBEREITUNG (**25** MINUTEN)

1. Für die Vinaigrette Weißwein mit Senf, Honig, Essig und 2 EL Öl glatt rühren, mit Salz und Pfeffer würzen. Minze hacken und unterrühren. Birne entkernen, in feine Spalten schneiden und in die Vinaigrette geben.

2. Ziegenkäse in Baconscheiben wickeln. Die Käse in einer beschichteten Pfanne mit restlichem Öl von jeder Seite 1–2 Minuten knusprig braten.

3. Birnenspalten aus der Vinaigrette nehmen, mit dem Friséesalat auf Teller verteilen, die Ziegenkäse anrichten und alles mit der Vinaigrette beträufeln.

In Italien heißen sie Antipasti, in Spanien Tapas, in China Dim Sum und im Orient Mezze: Überall auf der Welt gibt es kleine Gerichte, die als Vorspeise oder als Zwischenmahlzeit gereicht werden. Sie sollen den Appetit anregen, den großen Hunger dämpfen oder den Wein begleiten. In vielen Ländern sind sie Bestandteil einer eigenen Esskultur:
In Spanien trifft man sich zum Tapeo in einer Kneipe und genießt zu alkoholischen Getränken pikante Fleischklößchen und Kartoffelwürfel in scharfer Sauce; in China werden zum Yum Cha – Nachmittagstee – kleine gedämpfte oder frittierte Teigtaschen serviert.

Dieses Kapitel widmet sich internationalen Gerichten, die man als Fingerfood servieren kann, etwa die Fenchel-Speck-Tarte oder die Reisblattrollen mit gebratenem Lachs, und feinen Vorspeisen wie dem Steak-Carpaccio oder Spargel aus dem Ofen. Eigenständige vegetarische Gerichte wie das Rote Blumenkohl-Paprika-Curry oder Chili sin Carne und herzhafte Salate mit Fisch- oder Fleischbeilage ergeben eine leichte Mahlzeit.

KLEINE GERICHTE

Diese frühlingsleichte Version des hessischen Handkäs mit Musik ist von der italienischen Caprese inspiriert und hat selbst das Zeug zum Klassiker. Besonders gut schmeckt der Salat mit Mozzarella di Bufala Campana, dem echten Büffelmozzarella.

MOZZARELLA CON MUSICA

ZUTATEN FÜR 2–4 PERSONEN

3–4 EL Weißweinessig
50 ml Gemüsebrühe
5 EL Olivenöl
8 entsteinte grüne Oliven
6 Basilikumblätter
½ Knoblauchzehe
Salz
schwarzer Pfeffer aus der Mühle
125 g Kirschtomaten
8 Kapernäpfel
2 Kugeln Mozzarella (à 250 g)
1 kleine rote Zwiebel

ZUBEREITUNG (**15** MINUTEN)

1. Für die Vinaigrette den Essig mit Brühe und Öl verrühren. Oliven in Scheiben schneiden, Basilikum und geschälten Knoblauch fein hacken und alles unterrühren. Mit Salz und Pfeffer würzen.

2. Kirschtomaten und Kapernäpfel halbieren. Mozzarella in Scheiben schneiden. Die Zwiebel schälen und in Streifen schneiden. Auf Tellern anrichten, mit Salz und Pfeffer würzen und mit der Vinaigrette beträufeln. Sofort servieren.

15 Minuten

25 Minuten

Die aromaschonende Garmethode im Ofen unterstützt bestens den nussigen Geschmack des grünen Spargels. Die gerösteten Brösel sind eine Reminiszenz an die Region Mark Brandenburg, dort werden gerne Butterbrösel zum Spargel serviert.

SPARGEL AUS DEM OFEN MIT MOZZARELLA

ZUTATEN FÜR 2 PERSONEN

500 g grüner Spargel
2 EL Öl
Salz
schwarzer Pfeffer aus der Mühle
Zucker
2 Stängel Petersilie
½ Knoblauchzehe
40 g Semmelbrösel
5 EL Olivenöl
2 Kugeln Mozzarella

ZUBEREITUNG (**25** MINUTEN)

1. Spargel schälen, holzige Enden abschneiden. Die Stangen mit Öl einreiben, mit Salz, Pfeffer und 1 Prise Zucker würzen. Flach auf einem Backblech mit Backpapier verteilen. Im heißen Ofen bei 220 °C Ober- und Unterhitze (Umluft nicht empfehlenswert) auf der zweiten Schiene von unten 12–15 Minuten garen.

2. Petersilie hacken, Knoblauch schälen und fein würfeln. Semmelbrösel im Olivenöl goldbraun rösten. Petersilie und Knoblauch zugeben und vom Herd nehmen, mit Salz würzen.

3. Mozzarella aufreißen, mit 1 EL Olivenöl beträufeln, salzen und im heißen Ofen 5 Minuten erwärmen. Mozzarella mit Spargelstangen auf vorgewärmten Tellern anrichten, die Brösel darauf verteilen.

Mediterranes Gemüse, im Ofen geröstet mit Kräutern, Knoblauch und Olivenöl, schmeckt warm und kalt als Antipasti zu Schinken und Käse, man kann es aber auch zu gegrilltem Fisch und Fleisch servieren.

ANTIPASTI-GEMÜSE AUS DEM OFEN

ZUTATEN FÜR 4–6 PERSONEN

3 bunte Paprikaschoten
2 Zucchini
3 rote Zwiebeln
1 rote Chilischote
1–2 Knoblauchzehen
6 EL Olivenöl
Salz
2 Zweige Rosmarin
200 g Kirschtomaten
1–2 EL Balsamessig
4 Stängel Petersilie
200 g Ziegenkäse
150 g Coppa oder luftgetrockneter Schinken in Scheiben
2 EL grüne Oliven ohne Stein

ZUBEREITUNG (**30** MINUTEN)

1. Paprika entkernen und grob würfeln, Zucchini in Scheiben schneiden, Zwiebeln schälen und in Spalten schneiden. Chili in feine Ringe, Knoblauch schälen und in Scheiben schneiden. Alles auf ein Blech mit Backpapier geben, mit Olivenöl vermengen, mit Salz würzen.

2. Im heißen Ofen, auf der zweiten Schiene von oben, bei 240 °C Ober- und Unterhitze (Umluft nicht empfehlenswert) 15 Minuten rösten.

3. Rosmarin zupfen und die Nadeln mit den Kirschtomaten untermengen. Weitere 10 Minuten garen. Das Gemüse noch warm mit Balsamessig beträufeln und mit gehackter Petersilie bestreuen.

4. Das Antipasti-Gemüse warm oder kalt mit Käse, Schinken und Oliven servieren.

Dazu passt Fladenbrot.

30 Minuten

25 Minuten

Der robuste Kräuterseitling ist unkompliziert und aromatisch, sein festes Fleisch eignet sich bestens zum Braten und Grillen. Hier wird er mit jungem Pecorino aus Italien und einer leichten Zitronenmayonnaise angerichtet.

CARPACCIO VON KRÄUTERSEITLINGEN

ZUTATEN FÜR 4 PERSONEN

3 Zweige Estragon
½ Knoblauchzehe
1 TL abgeriebene Zitronenschale
2 TL Zitronensaft
50 g Mayonnaise
1 TL scharfer Senf
2 EL Milch
Salz
350 g Kräuterseitlinge
Olivenöl zum Braten
schwarzer Pfeffer aus der Mühle
junger Pecorino zum Bestreuen (ersatzweise junger Parmesan)
Baguette

ZUBEREITUNG (**25** MINUTEN)

1. Estragon grob hacken, Knoblauch schälen, durchpressen und mit Zitronenabrieb, Zitronensaft, Mayonnaise, Senf und Milch glatt rühren. Mit Salz würzen.

2. Die Pilze längs in Scheiben schneiden und portionsweise in einer heißen Grillpfanne oder Pfanne in etwas Olivenöl von jeder Seite 1–2 Minuten goldbraun braten. Mit Salz und Pfeffer würzen und auf Küchenpapier abtropfen lassen.

3. Die Pilze auf Tellern anrichten, mit zerbröseltem Pecorino bestreuen und mit der Zitronenmayonnaise beträufeln. Mit dem Estragon bestreuen und sofort servieren.

Dazu schmecken Baguette und ein Glas eisgekühlter Weißwein.

Das Rinder-Carpaccio für Genießer, die kein rohes Fleisch essen wollen, besticht durch seinen pfeffrigen, aromatischen Bratrand. Man sollte nur das beste Fleisch nehmen, dann ist das Steak-Carpaccio ein butterzarter Genuss als sommerliche Vorspeise für Gäste oder auch als herzhaftes Abendessen.

STEAK-CARPACCIO MIT DIJON-SENF-SAUCE

ZUTATEN FÜR 2–4 PERSONEN

2 Entrecôte oder Rumpsteaks (à ca. 200 g)
schwarzer Pfeffer aus der Mühle
3 EL Olivenöl
Salz
1 TL Dijon-Senf
1 TL körniger Senf
3 EL Mayonnaise
2 EL Joghurt
½ TL Essig
Zucker
1 kleine rote Zwiebel
8 Kapernäpfel
½ Bund Rauke
grobes Meersalz

ZUBEREITUNG (**25** MINUTEN)

1. Steaks auf Zimmertemperatur temperieren, mit Pfeffer würzen und in einer Pfanne im heißen Öl 1½ Minuten braten, umdrehen und noch mal genauso lange braten (siehe Tipp). Auf einem Teller abkühlen lassen, dabei öfter wenden. Mit Salz würzen.

2. Dijon-Senf mit grobem Senf, Mayonnaise, Joghurt und Essig glatt rühren, mit Salz, Pfeffer und 1 Prise Zucker würzen. Fleisch in dünne Scheiben schneiden und auf Tellern oder einer Platte anrichten.

3. Zwiebel schälen und in feine Ringe schneiden, Kapernäpfel abtropfen lassen und halbieren, Rauke waschen und trocken schleudern. Alles auf dem Fleisch anrichten und mit der Sauce beträufeln. Nach Geschmack mit grobem Pfeffer und Meersalz würzen.

Tipp: Wer sein Fleisch nicht medium-rare gebraten mag, verlängert die Bratzeit auf 2 Minuten pro Seite (medium) oder 3–4 Minuten pro Seite, dann ist das Fleisch fast durch.

25 Minuten

25 Minuten

Tipp: Reisteigplatten (Reisblätter) findet man wie Wasabi-Paste, Chilisauce, süße Sojasauce und Reiscracker im gut sortierten Supermarkt oder im Asialaden.

Ursprünglich kommen die „Goi cuốn“, sogenannte Sommerrollen, aus Vietnam. Sie werden dort auch mit Shrimps, gebratenem Schweinefleisch, Reis oder Eierpfannkuchen gefüllt. Die „rohen“ Reisblattrollen sind mit knackigem Gemüse, Salat, Sprossen und gebratenem Lachs ein leichter Snack für zwischendurch und unterwegs.

REISBLATTROLLEN MIT GEBRATENEM LACHS UND SÜSSER SOJA-CHILISAUCE

ZUTATEN FÜR 4 ROLLEN

80 g Möhre
80 g Rettich
50 g Salatgurke
Salz
250 g Lachsfilet
2 EL Olivenöl
1 TL Wasabi-Paste (grüner Meerrettich)
3 EL süße Asia-Chilisauce
4 EL süße Sojasauce (Ketjap Manis)
8 Reisteigplatten (siehe Tipp)
4 grüne Salatblätter
20 g Alfalfa-Sprossen
4 Basilikumblätter
Reiscracker

ZUBEREITUNG (**25** MINUTEN)

1. Gemüse schälen und in feine Scheiben, dann in sehr dünne Streifen schneiden. Mit Salz würzen und beiseitestellen.

2. Lachsfilet waschen, trocken tupfen, mit Salz würzen, in einer Pfanne im heißen Öl von jeder Seite 4 Minuten braten und herausnehmen.

3. Wasabi mit Chilisauce und Sojasauce glatt rühren. Die Reisblätter 3–4 Minuten in kaltem Wasser einweichen und auf Küchentüchern abtropfen lassen. Je 2 Blätter übereinanderlegen, mit Küchenpapier trocken tupfen und erst mit je 2 Teelöffeln Wasabi-Würzsauce bestreichen, dann mit den gewaschenen Salatblättern belegen.

4. Gemüse abtropfen, den Lachs in 4 Streifen schneiden, mit Sprossen und Basilikumblättern auf dem unteren Drittel der Reisblätter verteilen. Reisblätter über der Füllung bis zur Hälfte einrollen, die Seiten einschlagen und weiter einrollen. Kurz ruhen lassen. Mit übriger Würzsauce und Reiscrackern servieren.

Auch in Deutschland wird er immer beliebter und ist in vielen Supermärkten längst erhältlich: der „Coppa“: das Nackenfleisch von Schweinen aus der Lombardei und der Emilia-Romagna gepökelt, in Form gebunden und dann mindestens sechs Monate luftgetrocknet. Der nur mild gepökelte Coppa harmoniert perfekt mit dem leicht gesalzenen Forellenkaviar, den luftigen Pfannkuchen und dem kühlen Sauerrahm.

PFANNKUCHEN MIT COPPA

ZUTATEN FÜR 8 PFANNKUCHEN

250 g Mehl
1 TL Backpulver
3 Eier (M)
200 ml Milch
6 EL Öl
Salz
8 Scheiben Coppa (wahlweise milder Speck in dünnen Scheiben)
100 g saure Sahne
50 g Forellenkaviar oder Kaviar
einige Kopfsalatblätter

ZUBEREITUNG (**25** MINUTEN)

1. Mehl und Backpulver mischen. Mit einem Handrührgerät die Eier mit Milch und 1 EL Öl verrühren. Mehl zugeben und zu einem glatten Teig verquirlen. Mit Salz würzen.

2. 5 EL Öl in einer großen beschichteten Pfanne erhitzen. 4 Coppa-Scheiben einlegen, jede mit Teig bedecken und bei mittlerer Hitze 2–3 Minuten backen. Wenden und weitere 2–3 Minuten backen. Auf Küchenpapier abtropfen lassen, warm stellen und mit dem übrigen Teig nochmals 4 weitere Pfannkuchen mit Coppa backen.

3. Saure Sahne leicht salzen und mit dem Kaviar und gewaschenen Kopfsalatblättern zu den Pfannkuchen servieren.

25 Minuten

35 Minuten

Basmati- und Wildreis bilden die Basis für knusprige Puffer mit jungen Erbsen und Frühlingszwiebel. Dazu passen feiner Graved Lachs und Limettenmayonnaise.

BASMATI-WILDREIS-PUFFER MIT FRÜHLINGSZWIEBEL, LIMETTENMAYONNAISE UND GRAVED LACHS

ZUTATEN FÜR 4 PERSONEN

125 g Basmati- und Wildreismischung
Salz
½ unbehandelte Limette
100 g Joghurt
25 g Mayonnaise
schwarzer Pfeffer aus der Mühle
Zucker
3 Eier
100 ml Milch
Öl
4 gehäufte EL Mehl
1 TL Backpulver
1 Frühlingszwiebel
100 g aufgetaute Erbsen
250 g Graved Lachs in Scheiben

ZUBEREITUNG (**35** MINUTEN)

1. Reismischung nach Packungsanweisung in Salzwasser garen. Limettenschale fein abreiben, den Abrieb mit dem Saft der Limettenhälfte, dem Joghurt und der Mayonnaise glatt rühren. Mit Salz, Pfeffer und 1 Prise Zucker würzen.

2. Eier mit Milch und 1 EL Öl glatt rühren. Mehl und Backpulver mischen und mit dem Schneebesen unter die Eiermilch rühren, mit Salz würzen. Frühlingszwiebel in Scheiben schneiden und mit den Erbsen untermengen.

3. Den Reis abgießen, kalt abspülen, abtropfen lassen und mit der Puffermasse verrühren. In einer großen Pfanne in viel heißem Öl esslöffelgroße Puffer ausbacken, von jeder Seite 2–3 Minuten. Mit Limettenmayo und Graved Lachs servieren.

Die Anschaffung eines Muffinblechs lohnt sich nicht nur für Süßmäuler. Die schnellen Sauerkraut-Speck-Puffer sind eigentlich keine Muffins, sie basieren auf einem Pfannkuchenteig, lassen sich aber perfekt mit dem Blech zubereiten.

SAUERKRAUT-SPECK-PUFFER MIT KRÄUTERQUARK UND SALAT

ZUTATEN FÜR 4 PERSONEN

50 g Schinkenwürfel
Öl
1 Dose Sauerkraut (314 g)
½ Bund Schnittlauch
2 Eier (M)
150 ml Sahne
100 ml Milch
60 g Mehl
1 TL Backpulver
Salz
schwarzer Pfeffer aus der Mühle
Zucker
1 Bund Salatkräuter
250 g Quark
2 EL Weißweinessig
2 Römersalatherzen
3 EL Olivenöl

ZUBEREITUNG (**40** MINUTEN)

1. Schinkenwürfel in einer Pfanne in 1 EL Öl knusprig braten. Sauerkraut gut ausdrücken und klein schneiden, Schnittlauch in Röllchen schneiden. Eier mit Sahne, Milch, Sauerkraut und Schnittlauch glatt rühren, Mehl mit Backpulver mischen und unterrühren.

2. Schinkenwürfel untermengen. Mit Salz, Pfeffer und 1 Prise Zucker würzen.

3. 8 Mulden einer Muffinform mit Öl auspinseln, die Masse darin verteilen. Im heißen Ofen bei 200 °C Ober- und Unterhitze auf einer der unteren Schienen ca. 25 Minuten garen.

4. Salatkräuter fein hacken und mit Quark glatt rühren. Mit Salz und 1 EL Essig abschmecken. Salat putzen, waschen, trocken schleudern und in mundgerechte Stücke zupfen, mit Salz und Pfeffer, 1 EL Essig und Olivenöl anmachen. Die Puffer noch warm mit Salat und Quark servieren.

40 Minuten

Tipp: Vegetarische Genießer können die Speckwürfel weglassen oder durch fein gewürfelten Räuchertofu ersetzen.

30 Minuten

Diese schnelle Pizza gibt es nicht in der Tiefkühltruhe. Der hausgemachte Tomatensugo ist die aromatische Basis für würzige Bratwurstbällchen, zart schmelzenden Mozzarella, rote Zwiebel und scharfer Rauke. Die Tomatensauce schmeckt übrigens auch zur Lieblingspasta!

SCHNELLE SALSICCIA-PIZZA

ZUTATEN FÜR 4–6 PERSONEN

4 Salsiccias (rohe italienische Bratwürste, ersatzweise rohe grobe Bratwürste)
6 EL Olivenöl
400 g stückige Tomaten
1 EL Tomatenmark
5 getrocknete Tomaten
2–3 Knoblauchzehen
1–2 TL Zucker
Salz
schwarzer Pfeffer aus der Mühle
1 Packung (230 g) Pizzateig für Blechpizza (aus dem Kühlregal)
50 g Parmesan, frisch gerieben
125 g Mini-Mozzarella
1 rote Zwiebel
½ Bund Rauke

ZUBEREITUNG (**30** MINUTEN)

1. Salsiccia-Brät in kleinen Klößchen aus der Wurstpelle drücken und in einer Pfanne in 3 EL heißem Olivenöl 6 Minuten braten. Beiseitestellen.

2. Für den Sugo stückige Tomaten mit Tomatenmark, 1 EL Olivenöl, getrockneten Tomaten, geschältem Knoblauch und Zucker pürieren, mit Salz und Pfeffer würzen.

3. Pizzateig auf einem Blech ausrollen, mit dem Sugo bestreichen und mit Parmesan bestreuen. Wurstbällchen und abgetropfte Mini-Mozzarellas darauf verteilen. Zwiebel schälen, in Ringe schneiden und ebenfalls verteilen. Pizza mit 2 EL Olivenöl beträufeln.

4. Dann im heißen Ofen bei 230 °C Ober- und Unterhitze auf der ersten Schiene von unten 15 Minuten backen. Mit gewaschener Rauke bestreut servieren.

Diese Pizza ist auch im stressigen Alltag machbar, dank fertiger Tortillafladen. Sie bilden die Basis für saftige Sommertomaten und würzigen Ziegenkäse, Oliven und Basilikum.

SCHNELLE TORTILLA-PIZZA

ZUTATEN FÜR 4 PIZZEN

4 Stängel Basilikum
100 g Frischkäse
1 Knoblauchzehe
Salz
schwarzer Pfeffer aus der Mühle
4 Tortillafladen
1 rote Zwiebel
2 Tomaten
1 Rolle Ziegenkäse-Camembert
entsteinte grüne Oliven, nach Belieben
Olivenöl

ZUBEREITUNG (**15** MINUTEN)

1. 3 Stängel Basilikum hacken. Mit Frischkäse und geschältem, gehacktem Knoblauch verrühren, mit Salz und Pfeffer würzen. Die Tortillafladen mit der Paste bestreichen.

2. Zwiebel schälen, in feine Streifen, Tomaten und Ziegenkäse in Scheiben schneiden. Die Pizza damit sowie nach Belieben mit den Oliven belegen. Mit Olivenöl beträufeln.

3. Nacheinander je 2 Pizzen im heißen Ofen bei 220–250 °C Ober- und Unterhitze 2–4 Minuten goldbraun backen. Mit den übrigen Basilikumblättern bestreut servieren.

Tipp: Tortillafladen gibt es im gut sortierten Supermarkt.

15 Minuten

25 Minuten

Diese herbstliche Tarte macht kaum Arbeit und ist schnell gebacken. Sie ist ein schönes Abendessen für zwei oder ein kleiner Snack zum Wein für Gäste. Dazu passen junger Weißwein, ein Glas frischer Apfelmost oder Apfelwein.

FENCHEL-SPECK-TARTE MIT GORGONZOLA

ZUTATEN FÜR 2–4 PERSONEN

1 Rolle Blätterteig aus dem Kühlregal
(ca. 270 g, ca. 42 × 24 cm)
100 g Frischkäse
1 Ei (M)
1 Msp. Fenchelsaat, gemahlen
½ Knoblauchzehe
Salz
schwarzer Pfeffer aus der Mühle
100 g Fenchelknolle mit Grün
50 g luftgetrockneter Speck, hauchdünn geschnitten
80 g Gorgonzola

ZUBEREITUNG (**25** MINUTEN)

1. Blätterteig auf einem Backblech entrollen. Frischkäse mit Ei, Fenchelsaat und durchgepresstem Knoblauch glatt rühren. Mit Salz und Pfeffer würzen, auf den Blätterteig streichen.

2. Fenchelgrün zur Seite legen. Fenchel in sehr feine Streifen schneiden und mit dem Speck auf dem Teig verteilen. Im heißen Ofen bei 220 °C Ober- und Unterhitze auf der ersten Schiene von unten ca. 15 Minuten backen.

3. Gorgonzola würfeln und auf der Tarte verteilen. Nochmals 5 Minuten backen. Mit gehacktem Fenchelgrün bestreuen, heiß servieren.

Teriyakisauce gibt den Buletten ihre feine Würze. Die mit süßem Reiswein (Mirin) versetzte Sojasauce gibt es im Asialaden und in vielen Supermärkten. Der Gurkensalat erfrischt bei sommerlichen Temperaturen und eignet sich auch als Begleiter zu gebratenem Fisch oder gegrilltem Fleisch.

ASIA-GURKEN-SALAT MIT GARNELEN-BULETTEN

ZUTATEN FÜR 4 PERSONEN

1 Salatgurke
Salz
300 g Garnelenschwänze, küchenfertig
2 Frühlingszwiebeln
4 Stängel Koriander
1–2 EL Teriyakisauce
1 Msp. Chiliflocken (wahlweise Cayennepfeffer)
2 Eier
80 g Semmelbrösel
4 EL Öl
1 kleine rote Zwiebel
1 TL Ingwer, geschält und gerieben
1 EL Weißweinessig
1 EL Olivenöl
2 EL süße Asia-Chilisauce

ZUBEREITUNG (**25** MINUTEN)

1. Gurke grob schälen, in feine Scheiben schneiden. Mit Salz würzen, vermengen und beiseitestellen. Garnelen mit grob geschnittenen Frühlingszwiebeln, 2 Stängeln Koriander, Teriyakisauce und Chiliflocken im Mixer grob hacken. Garnelen-Hack mit Eiern und Semmelbröseln verkneten, mit Salz würzen.

2. Mit angefeuchteten Händen aus der Masse 12 kleine Buletten formen und in einer Pfanne im Öl von jeder Seite 4–5 Minuten bei mittlerer Hitze braten. Warm stellen.

3. Zwiebel schälen und in feine Spalten schneiden, Gurkenscheiben leicht ausdrücken. Beides mit frisch geriebenem Ingwer, 2 Stängeln gehacktem Koriander, Essig, Olivenöl und Chilisauce vermengen. Den Salat salzen und zu den Buletten servieren.

25 Minuten

20 Minuten

Gurken- und Mangowürfel sind mit Chili und einem Spritzer Essig gewürzt. Der Salat passt zum gebratenen Filet vom Tilapia. Der Zuchtfisch aus der Familie der Buntbarsche kommt ursprünglich aus Afrika.

GURKEN-MANGO-SALAT MIT GEBRATENEM TILAPIAFILET

ZUTATEN FÜR 2 PERSONEN

½ reife Mango
½ Salatgurke
Weißweinessig
3 EL Olivenöl
Salz
1 Msp. Chiliflocken
150 g Sahnejoghurt
1–2 Msp. Wasabi-Paste (grüner Meerrettich)
2 Tilapiafilets (à ca. 130 g)

ZUBEREITUNG (**20** MINUTEN)

1. Mango und Gurke schälen, Mangofleisch vom Stein schneiden und fein würfeln. Gurke längs halbieren, Kerne mit einem Teelöffel herausschaben und das Fruchtfleisch fein würfeln. Gurken- und Mangowürfel mit 1 Spritzer Essig, 2 EL Olivenöl, Salz und Chiliflocken würzen. Den Salat kalt stellen.

2. Joghurt und Wasabi glatt rühren, mit Salz und 1 Spritzer Essig würzen.

3. Tilapiafilets waschen, trocken tupfen, salzen und in 1 EL heißem Olivenöl je 3 Minuten braten.

4. Salat auf Tellern anrichten, den Fisch auflegen und mit Wasabi-Joghurt beträufelt servieren.

Der bunte Salat macht das Allerbeste aus der frühlingshaften Gemüse-Marktlage: mit Kartoffeln, knackig gegartem frischen Spargel und Zuckerschoten, dazu Tomaten und Frühlingszwiebel in einer senfscharfen Vinaigrette.

GEMÜSESALAT MIT ESTRAGON-SENF-VINAIGRETTE UND BRATWURST

ZUTATEN FÜR 4–6 PERSONEN

500 g weißer Spargel
250 g festkochende Kartoffeln
Salz
100 g Zuckerschoten
1–2 grobe Bratwürste pro Person
3 EL Öl
6 Zweige Estragon
2 EL Senf
2 EL Weißweinessig
4 EL Gemüsebrühe
6 EL Olivenöl
schwarzer Pfeffer aus der Mühle
Zucker
150 g Kirschtomaten
1 kleine rote Zwiebel
1 Frühlingszwiebel

ZUBEREITUNG (**35** MINUTEN)

1. Spargel schälen, holzige Enden entfernen und in Stücke schneiden. Kartoffeln schälen, längs vierteln und in Scheiben schneiden. Gemeinsam in Salzwasser 6 Minuten kochen. Zuckerschoten zugeben und noch mal 4–6 Minuten kochen. Gemüse abgießen und kalt abschrecken.

2. Bratwürste in einer Pfanne im Öl bei milder Hitze 12–15 Minuten braten.

3. Für die Vinaigrette Estragon fein schneiden und mit Senf, Essig, Gemüsebrühe und Olivenöl glatt rühren. Mit Salz, Pfeffer und 1 Prise Zucker würzen.

4. Tomaten halbieren. Zwiebel schälen, zusammen mit der Frühlingszwiebel in feine Streifen schneiden und mit dem gegarten Gemüse und der Vinaigrette mischen. Eventuell nochmals mit Salz, Pfeffer und Essig abschmecken. Mit den Bratwürsten servieren. Der Salat ist auch für das nächste Grillfest geeignet, er passt zu Fleisch und Fisch.

35 Minuten

30 Minuten

Tipp: Einige Hersteller bieten Linsensorten an, die ohne Einweichen sehr schnell garen. Wir haben Pardina-Linsen gewählt. Die auf der Packung angegebene Kochempfehlung ist 30 Minuten, da für den Salat aber Linsen mit leichtem Biss gewünscht sind, haben wir die Kochzeit etwas verkürzt.

Dieser süßsaure Wintersalat ist vielfältig einsetzbar. Er passt gut zur gebratenen Blutwurst, aber auch zu gebratener Lyoner, Geflügel, Schinken oder Räucherfisch. Er eignet sich ebenso als feine Vorspeise wie auch als rustikales Abendessen.

WARMER LINSENSALAT MIT GEBRATENER BLUTWURST

ZUTATEN FÜR 4 PERSONEN

100 g Pardina-Linsen
Salz
1 Lorbeerblatt
80 g Schalotten
1 TL scharfer Senf
2 EL Weißweinessig
150 g eingelegte Kürbiswürfel (aus dem Glas)
4 EL Olivenöl
schwarzer Pfeffer aus der Mühle
2 Stangen Staudensellerie mit Grün
450 g Blutwurst am Stück zum Braten (beim Metzger erfragen)
etwas Mehl zum Wenden
4 EL Öl
4 EL Schmand

ZUBEREITUNG (**30** MINUTEN)

1. Linsen in Salzwasser mit Lorbeer 25 Minuten kochen. Unterdessen die Schalotten schälen, fein würfeln und mit Senf, Essig, 4 EL Kürbisflüssigkeit und Olivenöl verrühren. Die Vinaigrette mit Salz und Pfeffer würzen.

2. Staudensellerie in feine Scheiben schneiden und mit den abgetropften Kürbiswürfeln zur Vinaigrette geben. Blutwurst häuten, in 2–3 cm dicke Scheiben schneiden, in Mehl wenden und im heißen Öl von jeder Seite 2–3 Minuten braten. Herausnehmen und warm stellen.

3. Linsen abgießen und noch heiß mit der Vinaigrette vermengen. Mit den gebratenen Blutwurstscheiben anrichten und mit gehacktem Selleriegrün bestreuen. Mit gesalzenem Schmand servieren.

Dieses schnelle Möhren-Antipasto ist von der türkischen Gewürzküche inspiriert. Dort wird das Kichererbsenpüree noch mit Tahin, einer Paste aus gemahlenem Sesam, verrührt und heißt dann Hummus. Zu unserer leichten Variante schmecken die jungen Bundmöhren, die ungeschält verwendet werden können, wenn sie gut gewaschen wurden.

GEBRATENE GEWÜRZMÖHRCHEN MIT KICHERERBSENPÜREE

ZUTATEN FÜR 2 PERSONEN

200 g feine Bundmöhrchen
Olivenöl
½ TL Koriandersaat
½ TL Fenchelsaat
2 Stängel Basilikum
2 EL Zitronensaft
1 TL flüssiger Honig
Salz
grober schwarzer Pfeffer aus der Mühle
1 Dose Kichererbsen (400 g)
100 ml Gemüsebrühe
1 geschälte Knoblauchzehe
2 Stängel Petersilie
Chili, gemahlen

ZUBEREITUNG (**25** MINUTEN)

1. Grün von den Möhrchen abschneiden, die Möhrchen gründlich waschen, trocken tupfen und in einer großen Pfanne in 3 EL heißem Olivenöl bei milder Hitze 12 Minuten braten.

2. Koriander- und Fenchelsaat sowie Basilikum grob hacken und zu den Möhren geben. Einmal durchschwenken, mit 1 EL Zitronensaft und dem Honig beträufeln. Mit Salz und Pfeffer würzen und beiseitestellen.

3. Kichererbsen abtropfen lassen und mit Brühe, restlichem Zitronensaft, Knoblauch, 2 EL Olivenöl und Salz pürieren. Möhrchen auf Teller verteilen, Kichererbsenmus mit frisch gehackter Petersilie, Chili und einigen Tropfen Olivenöl anrichten. Mit Brot servieren.

25 Minuten

25 Minuten

Tipp: Wer mag, kann die Kichererbsencreme noch mit 1 Esslöffel Tahin verfeinern.

Die orientalische Kichererbsencreme wird in dieser leichten Variante mit süßer Orange und schwarzem Pfeffer gewürzt und auf frischem Tomaten-Zwiebel-Salat serviert. Das sommerliche Gericht schmeckt mit Fladenbrot oder zu Gegrilltem.

KICHERERBSENCREME MIT TOMATEN-ZWIEBEL-SALAT

ZUTATEN FÜR 2–4 PERSONEN

2 Dosen Kichererbsen (à 400 g)
Olivenöl
Saft von 1 Orange
1 geschälte Knoblauchzehe
1–2 EL Zitronensaft
Salz
schwarzer Pfeffer aus der Mühle
4 Tomaten
1 kleine rote Zwiebel
1 Frühlingszwiebel
1 EL Weißweinessig
2 EL Sesamsaat
2 Stängel Petersilie

ZUBEREITUNG (**25** MINUTEN)

1. Kichererbsen abtropfen lassen und mit 4 EL Olivenöl, frisch gepresstem Orangensaft und grob gehacktem Knoblauch cremig pürieren. Mit Zitronensaft, Salz und Pfeffer würzen.

2. Tomaten waschen, Strünke entfernen und in Scheiben schneiden. Geschälte Zwiebel und Frühlingszwiebel in feine Ringe schneiden. Essig mit 4 EL Olivenöl verrühren, mit Salz und Pfeffer würzen. Über den Salat träufeln.

3. Sesam in einer Pfanne ohne Fett goldbraun rösten, Petersilie hacken. Hummus mit Petersilie und Sesam bestreuen, nach Belieben mit Olivenöl beträufeln und pfeffern. Zum Tomatensalat servieren.

Dazu passt Fladenbrot.

Das Pulen der frischen Erbsenschoten lohnt, die Erbsen schmecken wesentlich süßer und aromatischer als ihre tiefgekühlten Kollegen. Darum braucht es auch keine weiteren Gewürze für dieses Rezept, nur Salz und Pfeffer. Das zarte Gemüse ist der Star, das pochierte Ei die Beilage. Die Eier müssen dafür topfrisch sein, sonst zergeht das Eiweiß beim Pochieren.

ERBSEN & EI

ZUTATEN FÜR 2 PERSONEN

600 g Erbsenschoten
200 g Zuckerschoten
1 EL Öl
Salz
Zucker
200 ml Hühnerbrühe
30 g kalte Butter
schwarzer Pfeffer aus der Mühle
2 EL Essig
4 Eier (M)
¼ Bund Schnittlauch

ZUBEREITUNG (**30** MINUTEN)

1. Die Erbsen aus den Schoten pulen, dabei das Erbsen-Stielende abknicken und den Pflanzenfaden an der Naht abziehen. Schote aufbrechen, die Erbsen mit dem Daumen herausschieben.

2. Zuckerschoten in Streifen schneiden, dabei immer einige Zuckerschoten übereinanderlegen. Die Streifen in einem Topf im Öl 2 Minuten braten. Mit Salz und einer 1 Prise Zucker würzen, die Erbsen zugeben. Mit Brühe auffüllen und 5 Minuten unter Rühren offen kochen. Kalte Butter unterrühren und mit Salz, Pfeffer und Zucker abschmecken. Warm stellen.

3. 1 Liter Wasser in einem kleinen, flachen Topf mit Essig aufkochen und salzen. Eier nacheinander in eine Suppenkelle schlagen, dabei das Eigelb nicht verletzen. Jedes Ei aus der Suppenkelle ins kochende Wasser gleiten lassen, kurz stocken lassen, dann das Ei mit einem Esslöffel drehen, sodass der Dotter gänzlich vom Eiweiß umhüllt ist. 4 Minuten in siedendem Wasser wachsweich pochieren.

4. Die Eier aus dem Wasser heben, abtropfen lassen. Fransige Ränder eventuell abschneiden und auf dem Gemüse anrichten. Mit Schnittlauchröllchen bestreut servieren.

30 Minuten

20 Minuten

Zum Schärfen für diesen Klassiker empfiehlt sich Dijon-Senf, der perfekt mit dem nussigen Geschmack von grobem Senf harmoniert. Beide werden aus gemahlenen Samenkügelchen diverser Kreuzblütler- und Kohlarten gewonnen.

SENFEIER MIT KAPERN

ZUTATEN FÜR 2 PERSONEN

4 zimmerwarme Eier (M)
Salz
1 TL Dijon-Senf
1 TL grober Senf
2 EL Weißwein
150 ml Gemüsebrühe
1 TL Kapern
150 g Schmand
½ gestrichener TL Speisestärke
4 dünne Speckscheiben
Schnittlauchröllchen zum Garnieren

ZUBEREITUNG (**20** MINUTEN)

1. Die Eier anpiken und in kochendem Salzwasser 10 Minuten kochen.

2. Für die Sauce Dijon-Senf mit grobem Senf, Weißwein, Brühe, Kapern, 1 TL Kapernsud, Schmand und Speisestärke verrühren, mit Salz würzen.

3. Speck in einer Pfanne ohne Fett kross braten. Die Sauce unter Rühren erhitzen, einmal aufkochen. Eier kalt abschrecken, pellen und längs halbieren. Mit der Sauce auf Tellern anrichten, den Speck anlegen, mit Schnittlauchröllchen bestreuen.

Dazu passt Kartoffelpüree.

Ohne Fleisch, aber mit viel Geschmack kommt dieses Chili sin carne auf den Tisch. Für Würze sorgen Chili, Knoblauch, Räuchertofu, Ingwer und ein kleines Stück Zartbitterschokolade, das schon die Azteken in den Bohneneintopf rührten. Hier fehlt nichts.

CHILI SIN CARNE

ZUTATEN FÜR 6–8 PERSONEN

3 bunte Paprikaschoten
2 rote Zwiebeln
2 EL Tomatenmark
3 EL Olivenöl
500 ml pikanter Tomatensaft
1–2 Knoblauchzehen
20 g Ingwer
1 Dose Baked Beans (425 g)
1 Dose Mais (425 g)
1 Dose Kidneybohnen (425 g)
300 g Räuchertofu
25 g Bitterschokolade
Salz
Chiliflocken (Pul Biber)
½ Bund Schnittlauch
150 g saure Sahne
1 kleine Tüte Taco-Chips

ZUBEREITUNG (**25** MINUTEN)

1. Paprikaschoten entkernen und würfeln, Zwiebeln schälen und würfeln. Die Gemüse mit Tomatenmark im heißen Öl glasig dünsten. Mit 500 ml Wasser und dem Tomatensaft ablöschen und offen 10 Minuten kochen.

2. Knoblauch schälen und fein hacken, Ingwer schälen und fein reiben. Beides mit Baked Beans, abgetropftem Mais und den abgetropften Kidneybohnen zugeben. Tofu zerbröseln und ebenfalls zugeben. Nochmals 5 Minuten kochen. Schokolade darin schmelzen, mit Salz und Chiliflocken würzen und abschmecken.

3. Schnittlauch waschen, trocken schütteln und in Röllchen schneiden. Das Chili mit einem Klecks saurer Sahne, Schnittlauch und Taco-Chips servieren.

25 Minuten

30 Minuten

Die sehr scharfe rote Currypaste gibt es im Supermarkt oder im Asialaden. Die cremige Kokosmilch entschärft das Gemüsecurry nur leicht, deshalb sollten sensible Genießer das Gericht vorsichtshalber erst mal mit der halben Portion Paste zubereiten. Für alle anderen gilt: Feuer frei!

ROTES BLUMENKOHL-PAPRIKA-CURRY MIT FRÜHLINGSZWIEBELN

ZUTATEN FÜR 4 PERSONEN

150 g Basmatireis
Salz
600 g Blumenkohl
250 g rote Paprikaschoten
1 Bund Frühlingszwiebeln
3 EL Öl
400 ml ungesüßte Kokosmilch
200 ml Gemüsebrühe
50 g rote Currypaste
50 g Cashewkerne
2 Stängel Koriander

ZUBEREITUNG (**30** MINUTEN)

1. Reis nach Packungsanweisung in Salzwasser garen. Blumenkohl putzen, in kleine Röschen schneiden, Paprika entkernen und mundgerecht würfeln, Frühlingszwiebeln in 2 cm lange Stücke schneiden.

2. Blumenkohl und Paprika in einer großen tiefen Pfanne oder einem Wok in heißem Öl 5 Minuten braten. Kokosmilch mit Gemüsebrühe und Currypaste verrühren, zugeben und 15 Minuten köcheln. Frühlingszwiebeln unterrühren und weitere 2 Minuten garen.

3. Reis abgießen, Cashewkerne grob hacken und untermengen. Curry mit frisch gehacktem Koriander bestreuen und mit dem Reis servieren.

Der orientalische Bulgur mit Möhren, Nüssen, Orange und Curry schmeckt besonders gut zu gegrilltem Fleisch oder Fisch, aber auch scharfe Merguez-Bratwürste passen bestens dazu.

BULGUR-CURRY MIT MÖHREN, NÜSSEN UND MERGUEZ

ZUTATEN FÜR 4 PERSONEN

1 Bund Möhren
2 rote Zwiebeln
1 rote Chilischote
1 Knoblauchzehe
8 Backpflaumen
4 EL Olivenöl
1 EL Currypaste oder Currypulver
400 ml Gemüsebrühe
Saft von 1 Orange
150 g Bulgur (7-Minuten-Bulgur)
Salz
8 Merguez-Bratwürste
4 EL Öl
2 Stängel glatte Petersilie
100 g gesalzene, geröstete Nüsse

ZUBEREITUNG (**25** MINUTEN)

1. Möhren schälen und schräg in dünne Scheiben schneiden, Zwiebeln schälen und in Spalten schneiden. Chilischote in Ringe schneiden, Knoblauch schälen und in Scheiben schneiden, Backpflaumen hacken. Alles in einem Topf im heißen Olivenöl andünsten. Currypaste zugeben, mit Brühe und Orangensaft auffüllen.

2. Den Bulgur einrieseln lassen. Aufkochen, salzen und zugedeckt 7 Minuten bei milder Hitze ziehen lassen. Merguez-Bratwürste im heißen Öl 8 Minuten braten, dabei öfter wenden.

3. Petersilie und Nussmischung hacken, über den Möhren-Bulgur streuen. Mit Merguez servieren.

25 Minuten

Tipp: Die kleine Merguez ist eine grobe Lamm-Rindsbratwurst, die feurig mit Chili und Harissa gewürzt ist. Die roten Würste kommen ursprünglich aus Nordafrika, erfreuen sich aber auch in Deutschland immer größerer Beliebtheit, viele Metzger bieten sie während der Grillsaison an.

30 Minuten

Das winterliche Gemüsegericht mit Crème fraîche, Safran und Pinienkernen ist von der französischen Küche inspiriert, schlicht in den Zutaten und doch ein raffiniertes Sehnsuchtsessen: Es schmeckt schon ein klein wenig nach dem nächsten Sommer.

SAFRAN-BOUILLON-GEMÜSE

ZUTATEN FÜR 4 PERSONEN

600 g festkochende Kartoffeln
Salz
400 g Möhren
500 ml Gemüsebrühe
1 Msp. Safranpulver
1 Bund Frühlingszwiebeln
40 g Pinienkerne
schwarzer Pfeffer aus der Mühle
100 g Crème fraîche
2–3 TL Basilikumpesto (aus dem Glas)

ZUBEREITUNG (30 MINUTEN)

1. Kartoffeln schälen, längs vierteln und 20 Minuten in Salzwasser kochen. Möhren schälen, längs halbieren und in 3 cm lange Stücke schneiden. Gemüsebrühe mit Safran in einem großen flachen Topf aufkochen, die Möhren darin 15 Minuten garen.

2. Frühlingszwiebeln putzen und in 2 cm lange Stücke schneiden. Die gegarten Kartoffeln abgießen, mit den Frühlingszwiebeln zu den Möhren geben, weitere 5 Minuten garen. Pinienkerne in einer Pfanne ohne Fett goldbraun rösten.

3. Gemüse mit Salz und Pfeffer würzen. Crème fraîche leicht salzen und einen Teil mit dem Pesto über das Gericht träufeln, mit Pinienkernen bestreuen. Übrige Crème fraîche dazuservieren.

Das Wiener Schnitzel für Vegetarier und Gemüsefreunde hat Biss und ist knusprig wie das Original. Dazu ein leichter Salat und frisch geriebener Meerrettich! Fehlt eigentlich nur noch ein Glas Grüner Veltliner aus der Wachau zum kulinarischen Kurzurlaub.

KOHLRABISCHNITZEL MIT FRISCHEM MEERRETTICH

ZUTATEN FÜR 2 PERSONEN

½ TL Honig
½ TL scharfer Senf
½ EL Weißweinessig
1½ EL Olivenöl
Salz
1 Römersalatherz
200 g Kohlrabi
1 Ei (M)
1 EL Sahne
25 g Mehl
60 g Semmelbrösel
Öl zum Braten
frische Meerrettichwurzel
½ Zitrone

ZUBEREITUNG (**25** MINUTEN)

1. Honig, Senf, Essig und Öl zu einer Vinaigrette verrühren, mit Salz würzen. Salatkopf entstrunken, längs vierteln, grob zupfen, waschen und trocken schleudern. Kohlrabi mit einem Sparschäler schälen, in möglichst dünne Scheiben schneiden, mit Salz würzen. Ei mit Sahne verquirlen. Kohlrabischeiben erst in Mehl wenden, dann durch die Ei-Sahne-Mischung ziehen, anschließend mit Semmelbröseln panieren.

2. Die Schnitzel im heißen, stehenden Öl ca. 4–6 Minuten goldbraun ausbacken, dabei dreimal wenden. Auf Küchenpapier abtropfen lassen und mit Salz würzen.

3. Ein Stück Meerrettichwurzel mit dem Sparschäler schälen und fein reiben. Salat mit der Vinaigrette vermengen. Schnitzel mit Meerrettich bestreuen, mit Salat und Zitronenschnitzen servieren.

25 Minuten

25 Minuten

Tipp: Im Frühling gibt es sie wieder auf dem Markt und in gut sortierten Gemüseabteilungen. frischen Kräuterbundmischungen für „Frankfurter Grüne Sauce". Meist enthalten sie Petersil Sauerampfer, Pimpinelle, Schnittlauch, Kresse, Kerbel und Estragon.

Das Gartenkräuterpesto in diesem Rezept ist über eine Ecke mit der Frankfurter Grünen Sauce verwandt. Auch die italienische Salsa verde und die französische Sauce verte gehören zu dieser Familie.

GEBRATENER SPARGEL MIT GARTENKRÄUTER-PESTO, SPIEGELEI UND PELLKARTOFFELN

ZUTATEN FÜR 2–4 PERSONEN

8–10 kleine Kartoffeln
Salz
1 Packung Kräuter für Frankfurter Grüne Sauce (siehe Tipp)
6 EL Olivenöl
2 EL Sonnenblumenöl
100 ml Gemüsebrühe
1 EL Weißweinessig
40 g geröstete Salzmandeln
1 kleine Knoblauchzehe
20 g geriebener Parmesan
schwarzer Pfeffer aus der Mühle
1 Bund grüner Spargel
2–4 Eier

ZUBEREITUNG (**25** MINUTEN)

1. Kartoffeln ungeschält in Salzwasser garen. Kräuter grob vorschneiden und mit 2 EL Olivenöl und 2 EL Sonnenblumenöl, Gemüsebrühe, Weißweinessig, Mandeln, geschältem Knoblauch und Parmesan fein pürieren. Mit Salz und Pfeffer würzen.

2. Spargel längs halbieren und in einer großen Pfanne in 4 EL heißem Olivenöl 5 Minuten braten. Mit Salz und Pfeffer würzen, herausnehmen und warm stellen.

3. Eier in die Pfanne geben und braten, bis das Eiweiß gestockt ist. Spiegeleier mit Salz und Pfeffer würzen und mit den abgegossenen Pellkartoffeln zum Spargel mit dem Gartenkräuterpesto servieren.

Ja, Raclette ist ein ganz tolles, kommunikatives Essen. Aber nicht, wenn man Hunger hat und erst mal den Raclette-Grill auf dem Dachboden suchen muss. Und dann ist das Stromkabel unauffindbar. Jetzt ist der richtige Zeitpunkt für das Raclette für Ungeduldige.

RACLETTE FÜR UNGEDULDIGE

ZUTATEN FÜR 4 PERSONEN

4 große Backkartoffeln
Salz
4 Frühlingszwiebeln
1 Knoblauchzehe
1 TL Olivenöl
400 g Raclettekäse, in Scheiben
Pfeffer aus der Mühle
1 Glas Mixed Pickles (330 g)

ZUBEREITUNG (**25** MINUTEN)

1. Kartoffeln schälen, in 2–3 cm dicke Scheiben schneiden, 12 Minuten in Salzwasser kochen.

2. Frühlingszwiebeln putzen, in Ringe schneiden, Knoblauch schälen, fein würfeln, beides mit Olivenöl vermengen.

3. Kartoffeln abgießen und in eine große Auflaufform geben, mit Salz würzen. Knoblauch, Frühlingszwiebeln und Käse darauf verteilen. Im heißen Ofen bei 220 °C Ober- und Unterhitze auf der zweiten Schiene von unten nach Belieben schmelzen bzw. gratinieren. Mit Pfeffer würzen, mit Mixed Pickles servieren.

25 Minuten

Kohlenhydratreiche Lebensmittel werden zuweilen immer noch zur bloßen Sättigungsbeilage degradiert. Geprägt wurde der Begriff von der DDR-Gastronomie, wo er als Sammelbezeichnung für Kartoffeln, Reis und Teigwaren stand. Sie wurden in Gaststätten zu Fleischgerichten serviert und sollten über Engpässe bei der Lieferung von schwer erhältlichen Lebensmitteln hinweghelfen. Sättigung ist ein äußerst befriedigendes Gefühl, doch die Sattmacher liefern auch wichtige Ballaststoffe und sind viel zu schade, um nur lieblos Teller und Mägen zu füllen.
Kartoffeln, Pasta und Reis sind Zutaten für durchaus abwechslungsreiche, eigenständige Gerichte: aromatisches Rote-Bete-Risotto mit Birne zum Beispiel, oder das extravagante Mare e Monti vom Hummer. Mit Kartoffeln vom Vortag lässt sich ohne viel Aufwand die Kartoffeltortilla mit Wasabi-Quark auf den Tisch bringen, der Asia-Nudeltopf mit Huhn ist in zehn Minuten fertig und schlägt jede Instant-Nudelsuppe in Nährwert und Geschmack.

KARTOFFELN_ PASTA_ REIS

Dampfend heiße Pellkartoffeln mit cremigem Schnittlauchquark, ganz leicht mit Meerrettich geschärft. Einige Tropfen Kürbiskernöl veredeln das Gericht. Das funktioniert auch hervorragend mit Oliven- oder Leinöl.

KARTOFFELN MIT MEERRETTICH-SCHNITTLAUCH-QUARK UND KERNÖL

ZUTATEN FÜR 4 PERSONEN

4 mittelgroße Kartoffeln
Salz
2 EL Kürbiskerne
½ Bund Schnittlauch
2 TL Meerrettich aus dem Glas
300 g Joghurt
200 g Quark
heller Essig
schwarzer Pfeffer aus der Mühle
4 Radieschen
½ Beet Kresse
2–3 TL Kürbiskernöl
einige Blätter Kopfsalat

ZUBEREITUNG (**30** MINUTEN)

1. Kartoffeln waschen und je nach Größe 25–30 Minuten in Salzwasser garen. Kürbiskerne in einer Pfanne ohne Fett rösten. Schnittlauch waschen, trocken schütteln und in Röllchen schneiden. Mit Meerrettich, Joghurt und Quark glatt rühren, mit 1 Spritzer Essig, Salz und Pfeffer würzen. Radieschen in Scheiben schneiden.

2. Kartoffeln abgießen, aufbrechen und mit Quark, Radieschen, Kresse und Kürbiskernen anrichten. Mit Kürbiskernöl beträufeln und mit gewaschenen Kopfsalatblättern servieren.

30 Minuten

30 Minuten

Ein schnelles Resteessen, für das man gut Kartoffeln vom Vortag nehmen kann. Der cremig-scharfe Wasabi-Quark und die knackigen Radieschen verwandeln die saftige Kartoffeltortilla in eine echte Zwischenmahlzeit, die Chips setzen würzige Akzente.

KARTOFFELTORTILLA MIT WASABI-QUARK

ZUTATEN FÜR 2 PERSONEN

3 Eier
30 ml Milch
30 ml Sahne
Salz, Pfeffer
edelsüßes Paprikapulver
250 g gekochte Kartoffeln (Pell- oder Salzkartoffeln)
einige Schnittlauchhalme
2 EL Olivenöl
100 g Quark
100 g Joghurt
1–2 Msp. Wasabipaste (grüner Meerrettich)
1 Spritzer Weißweinessig
Zucker
3 Radieschen
50 g Kartoffelchips

ZUBEREITUNG (**30** MINUTEN)

1. Eier mit Milch und Sahne glatt rühren, mit Salz, Pfeffer und Paprika würzen. Kartoffeln längs halbieren und in Scheiben schneiden, Schnittlauch in Röllchen schneiden. Alles unter die Eier mengen.

2. Öl in einer kleinen Pfanne erhitzen, die Tortillamasse einfüllen und 5 Minuten stocken lassen. Anschließend im heißen Ofen bei 200 °C Ober- und Unterhitze auf der zweiten Schiene von oben 15 Minuten garen.

3. Währenddessen Quark mit Joghurt, Wasabi und Essig glatt rühren, mit Salz und 1 Prise Zucker würzen. Radieschen putzen, waschen und klein schneiden.

4. Tortilla auf eine Platte geben und in Kuchenstücke schneiden. Mit Quark, Radieschen und Chips servieren.

Der scharfe Nudeltopf ist genauso schnell fertig wie eine gekaufte Instantsuppe, wird aber mit frischen Zutaten zubereitet. Die würzige Brühe ist kräftig im Geschmack und enthält dabei kein Gramm Fett.

ASIA-NUDELTOPF MIT HUHN

ZUTATEN FÜR 4 PERSONEN

300 g Hähnchenbrustfilet, ohne Haut
6 EL Sojasauce
100 g Lauch
100 g Shiitakepilze
1,5 l kräftige Hühnerbrühe
1–2 Msp. Fünf-Gewürze-Pulver
1 Msp. Chiliflocken
100 g Asia-Suppennudeln
(z. B. Chuka-Soba-Weizennudeln)
Salz

ZUBEREITUNG (**10** MINUTEN)

1. Hähnchenfilets in feine Streifen schneiden und mit 2 EL Sojasauce vermengen. Lauch in feine Ringe schneiden, größere Shiitakepilze halbieren.

2. Brühe mit Fünf-Gewürze-Pulver, 4 EL Sojasauce und Chiliflocken aufkochen. Nudeln, Pilze und Lauch 3 Minuten darin garen. Hähnchenfleisch zugeben und weitere 2 Minuten kochen.

3. Den beim Garen entstandenen Schaum abschöpfen, die Suppe mit Salz würzen und mit Chiliflocken zum Nachschärfen servieren.

Tipp: Fünf-Gewürze-Pulver ist eine asiatische Gewürzmischung, die aus gemahlenem Sternanis, Szechuanpfeffer, chinesischen Zimt, Fenchelsamen und Gewürznelke besteht. Sie ist im Asialaden und auch im gutsortierten Supermarkt erhältlich.

10 Minuten

30 Minuten

Die Suppennudeln werden in einem würzigen Sud gegart. Das funktioniert wie bei den beliebten Asia-Instant-Nudelgerichten, schmeckt aber viel besser, was für die etwas längere Zubereitungszeit mehr als entschädigt.

ASIA-NUDELN MIT SHIITAKE, SPINAT, SPARGEL UND SPIEGELEI

ZUTATEN FÜR 4 PERSONEN

100 g Shiitakepilze
400 g grüner Spargel
4 EL Olivenöl
Salz
1 rote Chilischote
1 Knoblauchzehe
15 g geschälter Ingwer
600 ml Hühnerbrühe
2 EL Sojasauce
1 TL Sesamöl
200 g Chuka-Soba-Weizennudeln
(z. B. von Wan Kwai)
100 g Spinatsalat
2 EL Öl
4 Eier

ZUBEREITUNG (**30** MINUTEN)

1. Pilze mundgerecht halbieren oder vierteln. Holzige Enden vom Spargel abschneiden, die Spargelstangen dritteln, dicke Stücke einmal längs halbieren.

2. Pilze und Spargel in einer Pfanne im heißen Olivenöl 8 Minuten braten. Mit Salz würzen.

3. Entkernte Chilischote, geschälte Knoblauchzehe und Ingwer fein hacken, mit Hühnerbrühe, Sojasauce und Sesamöl aufkochen. Nudeln, Pfannengemüse und Spinatsalat zugeben. Offen 4–6 Minuten kochen, bis die gesamte Flüssigkeit verdampft ist.

4. Öl in der Pfanne erhitzen, darin 4 Spiegeleier braten. Mit Salz würzen und zu den Nudeln servieren.

Für die Brühnudeln aus der Pfanne garen die japanischen Weizennudeln im würzigen Sud und nehmen dabei den vollen Geschmack auf. Dazu schmecken Teriyaki-Hähnchenschenkel, die derweil im Ofen garen.

ASIATISCHE BRÜHNUDELN MIT TERIYAKI-HUHN

ZUTATEN FÜR 4 PERSONEN

4 Freiland-Hähnchenschenkel
Salz
300 g Spitzkohl
150 g Shiitakepilze
5 EL Öl
1 Knoblauchzehe
½–1 rote Chilischote
2 Frühlingszwiebeln
550 ml Hühnerbrühe
4 EL Sojasauce
1 Packung (200 g) Chuka-Soba-Weizennudeln
4 EL Teriyakisauce

ZUBEREITUNG (**30** MINUTEN)

1. Hähnchenschenkel am Gelenk halbieren, leicht salzen und auf einem Blech mit Backpapier im heißen Ofen bei 220 °C Ober- und Unterhitze auf der zweiten Schiene von unten 25 Minuten garen.

2. Spitzkohl halbieren, den Strunk entfernen und in mundgerechte Stücke schneiden. Shiitakepilze halbieren. Beides in einer Pfanne im heißen Öl braun braten.

3. Knoblauch schälen, Chili entkernen und Frühlingszwiebeln waschen, alles in Scheiben schneiden und mit der Brühe und Sojasauce zum Gemüse geben, aufkochen. Die Nudeln zugeben und offen 5 Minuten kochen, bis die Nudeln weich sind und die Flüssigkeit verschwunden ist. Salzen.

4. Hähnchenschenkel nach 25 Minuten mit Teriyakisauce bestreichen, weitere 3 Minuten garen. Mit den Nudeln servieren.

30 Minuten

Tipp: Teriyakisauce, eine japanische Würzsauce, und die japanischen Chuka-Soba-Nudeln bekommt man im gut sortierten Supermarkt und jedem Asialaden.

20 Minuten

Eine sommerliche Nudelei mit pikanten Pimientos de Padron aus Spanien, süßen Kirschtomaten, italienischen Nudeln und Schafskäse. Alles wird mit Olivenöl und ordentlich Knoblauch durchgeschwenkt, dann muss man nur noch einen Wein öffnen. Einen rustikalen Roten aus dem Süden vielleicht?

PAPRIKAPASTA

ZUTATEN FÜR 4 PERSONEN

250 g Lieblingspasta (z. B. Fagiolini)
Salz
1 rote Zwiebel
150 g eingelegte, gegrillte rote Paprikaschoten (aus dem Glas)
2 Knoblauchzehen
100 g Pimientos de Padron (grüner Bratpaprika)
100 g Kirschtomaten
6 EL Olivenöl
schwarzer Pfeffer aus der Mühle
1 TL Paprikapulver, mild oder pikant
40 g junger Manchegokäse

ZUBEREITUNG (**20** MINUTEN)

1. Pasta in Salzwasser garen. Zwiebel schälen und in Spalten, eingelegte Paprika in breite Streifen, Knoblauch schälen und in dünne Scheiben schneiden.

2. Pimientos de Padron mit den Zwiebeln in Olivenöl 4 Minuten braten, Kirschtomaten, Knoblauch und Paprikastreifen zugeben. Das Ganze weitere 2 Minuten braten.

3. Die Nudeln abgießen und noch tropfnass untermengen. Mit Salz, Pfeffer und Paprikapulver würzen, noch mal durchschwenken und mit grob geraspeltem Manchegokäse bestreut servieren.

Auch wenn es zunächst so aussieht, als handele es sich bei der Shiitake-Bolognese nur um ein schnödes Fleischersatzgericht, steht der Sugo doch für sich. Die Neuinterpretation des Bolognese-Klassikers erhält durch die Shiitakepilze und die getrockneten Tomaten ein ganz eigenes, sehr würziges Aroma.

SHIITAKE-BOLOGNESE

ZUTATEN FÜR 4 PERSONEN

400 g Shiitakepilze
1 Zwiebel
1–2 Knoblauchzehen
3 getrocknete Tomaten
5 EL Öl
1 EL Tomatenmark
100 ml Rotwein
100 ml Gemüsebrühe
1 Dose stückige Tomaten (425 g)
Salz
schwarzer Pfeffer aus der Mühle
1 EL brauner Zucker
250 g Lieblingspasta (z. B. Pappardelle)
Parmigiano Reggiano (am Stück)

ZUBEREITUNG (**25** MINUTEN)

1. Shiitakepilze in der Küchenmaschine grob hacken. Zwiebel sowie Knoblauch schälen und mit den getrockneten Tomaten fein würfeln. Alles in einer Pfanne im Öl goldbraun braten. Tomatenmark unterrühren.

2. Mit Rotwein ablöschen, einmal aufkochen. Brühe und Tomatenragout zugeben, mit Salz, Pfeffer und Zucker würzen. Bei kleiner Hitze offen 15 Minuten dicklich einkochen.

3. Lieblingspasta nach Packungsanweisung in Salzwasser garen. Abgießen und tropfnass mit der Bolognese vermengen. Mit frisch geriebenem Parmigiano Reggiano servieren.

25 Minuten

25 Minuten

Der breitblättrige Vertreter der Amaryllisgewächse kann seine familiären Bande zu Knoblauch und Schnittlauch nicht verleugnen, man riecht und schmeckt die Verwandtschaft. Weniger ist beim Bärlauch mehr: Zur Pasta schmecken ein paar frisch geschnittene Blätter wesentlich besser als die häufig strengen Bärlauchpestos.

BÄRLAUCH-SPAGHETTI MIT BACON UND SPIEGELEI

ZUTATEN FÜR 2 PERSONEN

60 g Frühstücksspeck (Bacon), in Streifen
1 EL Olivenöl
5 Blätter Bärlauch
200 g Spaghetti
Salz
1 EL Öl
2 Eier (M)
schwarzer Pfeffer aus der Mühle
1–2 EL Parmesan, frisch gerieben

ZUBEREITUNG (**25** MINUTEN)

1. Baconstreifen im Olivenöl knusprig braten, herausnehmen und auf einen Teller mit Küchenpapier legen. Im Ofen bei 50 °C Ober- und Unterhitze warm stellen. Die Pfanne beiseitestellen.

2. Bärlauchblätter übereinanderlegen, erst in Streifen schneiden, dann in feine Stücke. Spaghetti nach Packungsanweisung in Salzwasser garen. In einer zweiten Pfanne im Öl 2 Spiegeleier braten und mit Salz würzen.

3. Spaghetti abgießen, heiß und tropfnass in die Pfanne mit dem Baconfett geben, Bärlauch zugeben, mit Salz, Pfeffer und Parmesan würzen, kräftig durchmengen. Mit den Spiegeleiern und dem Bacon servieren.

Muschelzeit! Widerlegt wurde jetzt die Legende, dass nach dem Kochvorgang noch geschlossene Muscheln ungenießbar seien. Herausgefunden hat das der australische Meeresbiologe Nick Ruello, der im empirischen Selbstversuch 30 Teller der potenziell gesundheitsgefährdenden Schalentiere testete. Bereits vor dem Kochen geöffnete Muscheln, die sich auch auf zartes Anklopfen hin nicht mehr schließen wollen, müssen allerdings weiterhin vorab aussortiert werden.

MUSCHELN MIT SPAGHETTI SAFRAN-AGLIO E OLIO

ZUTATEN FÜR 4 PERSONEN

1 kg Miesmuscheln
100 ml Weißwein
6 EL Olivenöl
1 Lorbeerblatt
4 geschälte Knoblauchzehen
Salz
400 g Spaghetti
½ Bund Petersilie
1 rote Zwiebel
1–2 Msp. Safranpulver
schwarzer Pfeffer aus der Mühle

ZUBEREITUNG (**20** MINUTEN)

1. Muscheln in kaltem Wasser waschen und die Bärte abziehen, bereits geöffnete Muscheln entsorgen. Wein mit 100 ml Wasser, 1 EL Öl, Lorbeer und 2 zerdrückten Knoblauchzehen aufkochen, salzen und die Muscheln zugeben. Zugedeckt 10 Minuten kochen.

2. Spaghetti nach Packungsanweisung in Salzwasser kochen. Petersilie grob hacken. 2 Knoblauchzehen in Scheiben schneiden, Zwiebel schälen, in feine Streifen schneiden. Beides in 5 EL Öl anschwitzen, bis der Knoblauch hellbraune Ränder bekommt. Petersilie und Safran zugeben, salzen und pfeffern.

3. Spaghetti durch ein Sieb abgießen, tropfnass und heiß untermengen, evtl. nachwürzen. Muscheln abgießen und zu den Spaghetti servieren.

20 Minuten

25 Minuten

Raffiniert schmecken die schlichten Spaghetti mit Olivenöl, Knoblauch, schwarzem Pfeffer und Zitrone durch die knusprig gerösteten Brösel mit Zitronenthymian.

SPAGHETTI MIT GARNELEN UND THYMIANBRÖSELN

ZUTATEN FÜR 4 PERSONEN

8 Zweige Zitronenthymian
50 g Semmelbrösel
5 EL Olivenöl
Salz
150 g Zuckerschoten
1 Frühlingszwiebel
300 g Spaghetti
12 küchenfertig geputzte Garnelenschwänze (bis zum Schwanzende halbiert)
1 Knoblauchzehe
1 TL frisch geriebene Zitronenschale
schwarzer Pfeffer aus der Mühle

ZUBEREITUNG (**25** MINUTEN)

1. Thymianblättchen von den Zweigen ziehen und mit Semmelbröseln und 1 EL Olivenöl im Mixer kurz pürieren. Die Brösel auf einem Backblech mit Backpapier ausbreiten und leicht salzen. Im heißen Ofen bei 200 °C Ober- und Unterhitze auf der zweiten Schiene von oben 5 Minuten rösten.

2. Die Zuckerschoten in feine Streifen, die Frühlingszwiebel in Scheiben schneiden. Spaghetti nach Packungsanweisung garen.

3. 4 EL Öl in einer großen, beschichteten Pfanne erhitzen, die Garnelen darin 2 Minuten scharf anbraten. Zuckerschoten zugeben und weitere 3 Minuten braten. Knoblauch schälen, durchpressen und mit Zitronenabrieb und Frühlingszwiebeln in die Pfanne geben. Mit Salz und Pfeffer würzen und 1 Minute weiterbraten.

4. Spaghetti abgießen und tropfnass in die Pfanne geben. Kurz durchschwenken, dann eventuell nochmals mit Salz und Pfeffer nachwürzen. Die Pasta mit den Bröseln bestreut servieren. Die Thymianbrösel kann man auch über Steak oder über Pasta streuen.

„Mare e Monti“ heißt Meer und Berge und steht für die Kombination von Krustentieren und Pilzen. Hier werden noch Bohnen und Erbsen dazugegeben, so bekommt das Gericht mehr Biss und Farbe.

MARE E MONTI VOM HUMMER

ZUTATEN FÜR 2 PERSONEN

200 g breite Bandnudeln (Pappardelle)
2 Hummer (à ca. 750 g)
4 EL Olivenöl
Salz
200 g Kräuterseitlinge oder andere Pilze
1 kleine Schalotte
1 Knoblauchzehe
1 kleine Tomate
100 g Erbsen
100 g Kidneybohnen, eingeweicht und gegart
schwarzer Pfeffer aus der Mühle

ZUBEREITUNG (**25** MINUTEN)

1. Die Nudeln nach Packungsanweisung kochen.

2. Die Hummer nacheinander in reichlich kochendes Wasser geben, nach 2 Minuten herausnehmen. Den Schwanz abdrehen und mit einem großen Messer in der Mitte durchtrennen. Die Scheren können anderweitig verwendet werden.

3. Die Hälfte des Olivenöls erhitzen. Die Hummerschwänze salzen und etwa 2 Minuten auf der Schnittseite anbraten. Umdrehen, etwa 2 Minuten weiterbraten und warm stellen.

4. Die Pilze putzen und in Scheiben schneiden. Schalotte, Knoblauch und Tomate schälen und in Würfel schneiden. In dem restlichen Öl zuerst die Pilze braten, wenn sie fast gar sind, Schalotte und Knoblauch zugeben und kurz mit anschwitzen.

5. Erbsen, Bohnen und Tomaten zugeben, kurz anwärmen, dann die Nudeln unterheben. Salzen und pfeffern.

6. Zusammen mit den Hummerschwänzen anrichten und servieren.

25 Minuten

25 Minuten

Das Risotto kann wahlweise mit frischer oder vorgegarter Roter Bete zubereitet werden. Die frische Rote Bete gart in Salzwasser, je nach Knollengröße, bis zu 1 Stunde. Für die Schnellen Teller habe ich vorgekochte Knollen im Supermarkt erstanden.

ROTE-BETE-RISOTTO MIT BIRNE

ZUTATEN FÜR 4 PERSONEN

150 g Zwiebeln
300 g Risottoreis
2 EL Olivenöl
150 ml trockener Weißwein
1 l heiße Gemüsebrühe
300 g gekochte Rote Bete
250 g kleine Birnen
1 Knoblauchzehe
40 g Parmesan, frisch gerieben
20 g Butter
Salz
schwarzer Pfeffer aus der Mühle

ZUBEREITUNG (**25** MINUTEN)

1. Zwiebeln schälen, würfeln und mit dem Reis in Öl glasig dünsten. Mit Wein ablöschen und kurz aufkochen. Etwas von der heißen Brühe zugeben und unter Rühren garen, bis die Flüssigkeit fast verdunstet ist. Wieder etwas Brühe zugeben. Auf diese Weise das Risotto in 15–20 Minuten gar kochen (siehe Tipp).

2. Rote Bete in Würfel schneiden und unterrühren. Birnen schälen, entkernen, in Spalten schneiden und kurz vor Ende der Garzeit zum Risotto geben.

3. Knoblauch schälen, durchpressen und mit dem Parmesan und der Butter unter das Risotto rühren. Mit Salz und Pfeffer würzen und sofort servieren.

Tipp: Risottoreis verschiedener Hersteller hat unterschiedliche Garzeiten. Achten Sie beim Kauf auf kurze Garzeitempfehlungen und beim Kochen auf die Packungsanweisung.

Alles Kartoffelfresser? Vorurteil! Auch im Norden wird ein cremiges Risotto geschätzt. Nur die Tomaten gedeihen oben im Norden nicht so gut. Dafür wächst am Deich zarter Kohl, und der Katenschinken braucht sich hinter den Kollegen aus Parma nicht zu verstecken. Ein paar Kartoffelwürfel werden trotzdem noch mitgekocht. Das macht die Sache rund!

NORDISCHES RISOTTO

ZUTATEN FÜR 4 PERSONEN

400 g Weißkohl
1 Zwiebel
4 EL Öl
200 g festkochende Kartoffeln
300 g Risottoreis
125 ml trockener Weißwein
1 l heiße Gemüsebrühe
100 ml Sahne
1 EL Meerrettich (aus dem Glas)
Salz
schwarzer Pfeffer aus der Mühle
Zucker
4 Stängel Petersilie
4–8 Scheiben Katenschinken

ZUBEREITUNG (**35** MINUTEN)

1. Weißkohl entstrunken und fein stückeln, Zwiebel schälen, würfeln und beides im Topf im heißen Öl hellbraun braten. Kartoffeln schälen, fein würfeln, mit dem Reis zum Kohl geben und anschwitzen.

2. Mit Wein ablöschen, kurz aufkochen und etwas von der heißen Brühe zugeben. Unter Rühren garen, bis die Flüssigkeit fast verkocht ist, dann wieder etwas Brühe zugeben. Auf diese Weise das Risotto in 25–30 Minuten gar kochen.

3. Das fertige Risotto mit Sahne und Meerrettich cremig rühren, mit Salz, Pfeffer und Zucker würzen. Mit gehackter Petersilie bestreuen, mit gepfeffertem Katenschinken servieren.

35 Minuten

25 Minuten

Der fein geschnittene Blumenkohl ist im Risotto fast nicht zu sehen, wird aber am Gaumen zu einer Attraktion im Zusammenspiel mit dem leicht geschmolzenen Gorgonzola und den süßsäuerlichen Senfgurken.

BLUMENKOHL-RISOTTO MIT GORGONZOLA UND SENFGURKEN

ZUTATEN FÜR 4–6 PERSONEN

250 g Risottoreis
2 EL Olivenöl
125 ml trockener Weißwein
1 l heiße Gemüsebrühe
400 g Blumenkohl
120 g Senfgurken
80 g Gorgonzola
1 Knoblauchzehe
40 g Parmesan, frisch gerieben
Salz
schwarzer Pfeffer aus der Mühle

ZUBEREITUNG (**25** MINUTEN)

1. Reis im Öl glasig dünsten, mit Wein ablöschen und kurz aufkochen. Etwas von der heißen Brühe zugeben und unter Rühren garen, bis die Flüssigkeit fast verschwunden ist, dann wieder etwas Brühe zugeben. Auf diese Weise das Risotto 15-20 Minuten gar kochen.

2. Die Blumenkohlröschen krümelig-fein klein schneiden und 3 Minuten vor Ende der Garzeit in das Risotto rühren. Senfgurken würfeln, Gorgonzola in Scheiben schneiden.

3. Knoblauch schälen, durchpressen, mit dem Parmesan unter das Risotto rühren. Mit Salz und Pfeffer würzen. Risotto auf vorgewärmten Tellern mit Gorgonzolascheiben belegen, mit Gurkenwürfeln bestreuen und sofort servieren.

Risotto ohne Rühren: Pilaw ist ursprünglich eine orientalische Reiszubereitung. Dabei wird Reis mit kräftiger Brühe meist im Verhältnis 1:2 angesetzt, er gart dann bei milder Hitze und saugt derweil Würze und Aromen auf. Die mitgeschmorten Calamares werden butterzart.

CALAMARES-PILAW

ZUTATEN FÜR 4 PERSONEN

1 Zwiebel
1–2 Knoblauchzehen
4 EL Olivenöl
200 g Basmatireis
1 Msp. Safranpulver
2 TL edelsüßes Paprikapulver
½ TL Chiliflocken oder 1 Msp. Cayennepfeffer
Salz
Saft von 1 Orange
400 ml Gemüsebrühe
6–8 Backpflaumen
500 g Calamares, geputzt, gehäutet und ausgenommen (siehe Tipp)
200 g Spinatsalat
150 g Sahnejoghurt

ZUBEREITUNG (**30** MINUTEN)

1. Zwiebel und Knoblauch schälen, fein würfeln und in einem Topf im heißen Öl mit dem Reis glasig dünsten. Safran, Paprikapulver und Chili zugeben, mit Salz würzen und mit Orangensaft ablöschen. Mit Brühe auffüllen und aufkochen.

2. Backpflaumen grob würfeln und mit den Calamares zum Reis geben. Zugedeckt bei mittlerer Hitze 20 Minuten garen. Spinatsalat waschen, unterrühren und weitere 5 Minuten offen garen. Joghurt mit Salz würzen und zum Pilaw servieren.

Tipp: Küchenfertig geputzte Calamares können Sie bei Ihrem Fischhändler vorbestellen. Es eignet sich auch küchenfertige Tiefkühlware, die vor dem Kochen aber aufgetaut werden muss.

30 Minuten

Fisch ist lecker, gesund und schnell zubereitet. Damit wir auch in Zukunft nicht darauf verzichten müssen, lohnt es sich, beim Einkauf auf nachhaltige, also bestandserhaltende und umweltschonende Fischerei oder biologische Aquakultur zu achten.
Viele Fische haben ihre Saison, in der sie besonders hochwertig und schmackhaft sind: Der Sommer ist ideal für die Gebratene Scholle mit Avocado-Tomaten-Salsa. In der kalten Jahreszeit empfiehlt sich der Zander für den Schnellen Grünkohl mit gebratenem Fisch. Sein köstliches weißes Fleisch ist praktisch grätenfrei.
Die Gebratene Whiskey-Lachsforelle auf Caesar Salad kann man das ganze Jahr über genießen, denn sie stammt in der Regel aus Zuchtbetrieben. Ihr zartes delikates Fleisch ist rosa gefärbt, weil sie sich hauptsächlich von Krebstieren ernährt.
Die Gebratenen Calamares auf Oliven-Kartoffelstampf oder die Bulgur-Meeresfrüchte-Paella sind sommerlich-mediterran, und die Meeresfrüchte geben den Gerichten einen feinen Biss und einen angenehmen Geschmack nach Meer.

FISCH_ MEERES- FRÜCHTE

Bulgur, der vorgekochte, getrocknete und geschnittene Weizen (Weizengrütze) ist in der orientalischen Küche sehr beliebt. Inzwischen gibt es ihn auch als „7-Minuten-Bulgur" zu kaufen. So bleibt selbst in der schnellen Küche noch Zeit zum Rösten, denn erst angebraten offenbart der Bulgur sein ganzes nussiges Aroma, so wie hier für diese körnige Paella-Variante.

BULGUR-MEERESFRÜCHTE-PAELLA

ZUTATEN FÜR 4 PERSONEN

125 g 7-Minuten-Bulgur
Salz
5 EL Olivenöl
500 g gemischte Meeresfrüchte, aufgetaut
3 Frühlingszwiebeln
1 Knoblauchzehe
4 Stängel Petersilie
200 g Erbsen, aufgetaut
1 TL edelsüßes Paprikapulver
1 Döschen Safranfäden (0,1 g)
1–2 Msp. Chiliflocken
1–2 EL Zitronensaft

ZUBEREITUNG (**25** MINUTEN)

1. Bulgur im Sieb unter fließendem Wasser waschen. Mit 250 ml Salzwasser aufsetzen, aufkochen und offen 7 Minuten kochen, bis die Flüssigkeit verdampft ist. Mit 1 EL Olivenöl vermengen.

2. Meeresfrüchte in kochendem Salzwasser 1 Minute kochen, durch ein Sieb abgießen. Frühlingszwiebeln und geschälten Knoblauch in Scheiben schneiden. Petersilie grob hacken.

3. 4 EL Olivenöl in einer Pfanne erhitzen, den Bulgur zugeben und 8 Minuten braten. Meeresfrüchte zugeben, weitere 5 Minuten anbraten. Frühlingszwiebeln, Erbsen, Knoblauch, Paprikapulver, Safranfäden und Chiliflocken zugeben, salzen und noch mal 2 Minuten braten. Mit Zitronensaft abschmecken und mit Petersilie bestreut servieren.

25 Minuten

35 Minuten

Tipp: Die ausgenommenen und geputzten Calamares am besten beim Fischhändler vorbestellen. Küchenfertig geputzte Calamares sind auch tiefgekühlt im Angebot.

In Kombination mit Oliven, Kapern, Zitronen und Knoblauch bekommt der Kartoffelstampf eine sommerlich-mediterrane Note. So passt er gut zu den schnellen Calamares aus der Pfanne.

GEBRATENE CALAMARES AUF OLIVEN-KARTOFFELSTAMPF

ZUTATEN FÜR 4 PERSONEN

800 g große, mehligkochende Kartoffeln
Salz
60 g entsteinte grüne Oliven
1 kleine unbehandelte Zitrone
1 geschälte Knoblauchzehe
8 EL Olivenöl
700 g Calamares, küchenfertig (siehe Tipp)
4 Stängel Petersilie
8 Kapernäpfel
schwarzer Pfeffer aus der Mühle

ZUBEREITUNG (**35** MINUTEN)

1. Kartoffeln schälen, längs vierteln und in Salzwasser 25 Minuten weich kochen. Die Hälfte der Oliven hacken. Zitrone abreiben und auspressen. Zitronenabrieb und Saft, die gehackten Oliven und eine halbe gehackte Knoblauchzehe mit 5 EL Olivenöl verrühren, das Würzöl salzen.

2. Die abgeriebenen und ausgepressten Zitronenhälften mit reichlich Salzwasser zum Kochen bringen. Die Calamares zugeben, einmal aufkochen und abgießen. Calamares gut abtropfen lassen.

3. Petersilie und übrige Knoblauchhälfte hacken, Kapernäpfel halbieren. 3 EL Olivenöl in einer großen beschichteten Pfanne erhitzen, die Calamares darin scharf braten. Petersilie, Knoblauch und Kapernäpfel zugeben und durchschwenken, mit Salz und Pfeffer würzen.

4. Kartoffeln abgießen. Mit der Hälfte des Zitronen-Knoblauch-Oliven-Würzöls zerstampfen und mit Salz würzen. Den Stampf mit den Calamares, den übrigen Oliven und dem übrigen Würzöl servieren.

Der kernarme, süßfleischige Butternutkürbis wird mit Zwiebeln in der Pfanne geröstet, dazu glänzende Matjesfilets im Kräutermantel und scharfer Meerrettich-Quark - die nordische Variante des Bauernfrühstücks schmeckt Seeleuten und Landratten gleichermaßen.

KÜRBISPFANNE MIT KRÄUTERMATJES

ZUTATEN FÜR 4 PERSONEN

800 g Butternutkürbis
3 EL Olivenöl
2 rote Zwiebeln
4 Stängel Dill
1 Beet Kresse
1 EL ÖL
4 Doppelmatjesfilets
250 g Sahnequark
1-2 TL geriebener Meerrettich (aus dem Glas)
Weißweinessig
Salz
Zucker
½ TL Kümmelsamen
schwarzer Pfeffer aus der Mühle

ZUBEREITUNG (**30** MINUTEN)

1. Butternutkürbis schälen, Kerne entfernen. Das Fruchtfleisch würfeln und in einer großen beschichteten Pfanne im Olivenöl bei mittlerer Hitze 10 Minuten braten. Zwiebeln schälen, in Streifen schneiden, zugeben und weitere 10 Minuten braten.

2. Dill waschen, trocken schütteln, Spitzen fein hacken, Kresse vom Beet schneiden und beides mit Öl vermengen. Matjesfilets in den Kräutern wälzen. Quark mit Meerrettich glatt rühren, mit ein paar Tropfen Essig, Salz und 1 Prise Zucker würzen.

3. Kürbis mit Kümmel, Salz und Pfeffer würzen und noch 2 Minuten braten. Mit Matjes und Meerrettichquark servieren.

30 Minuten

25 Minuten

Eine schmackhafte internationale Verbindung aus deutschen Bohnen, indischem Reis, spanischem Safran, nordischem Fisch und südosteuropäischer Paprikapaste in den Farben Jamaikas.

STEINBEISSER, SAFRANREIS & BOHNEN (RED, GOLD & GREEN)

ZUTATEN FÜR 4 PERSONEN

500 ml Gemüsebrühe
1 Msp. gemahlener Safran
4 EL Olivenöl
200 g Basmatireis
Salz
250 g grüne Bohnen
3 EL mildes Ajvar (rote Paprikapaste aus dem Glas)
600 g Steinbeißerfilet, grätenfrei
2 EL Zitronensaft
1 TL Butter

ZUBEREITUNG (**25** MINUTEN)

1. Brühe mit Safran und 1 EL Olivenöl aufkochen. Reis einrühren, mit Salz würzen und nach Packungsanweisung gar kochen.

2. Bohnen putzen und in Salzwasser 12 Minuten kochen.

3. Ajvar mit 2 EL Wasser verrühren. Fischfilets waschen, trocken tupfen, in 8 Stücke schneiden, mit Zitronensaft und Salz würzen und in einer beschichteten Pfanne in 3 EL heißem Olivenöl von jeder Seite 4–5 Minuten braten. Ajvar zugeben und einmal durchschwenken.

4. Die Bohnen abgießen, mit Butter vermengen, mit Salz würzen und auf vorgewärmten Tellern verteilen. Den Reis und das Fischfilet auf den Bohnen anrichten und sofort servieren.

Grünkohl geht auch kurz gegart! Mit leichtem Biss geschmort offenbart das Wintergemüse neue Seiten - das pfeffrige Aroma des Kohls kommt voll zur Geltung. In Weißwein und Butter geschwenkt wird Grünkohl sogar zur perfekten Fischbeilage.

SCHNELLER GRÜNKOHL MIT GEBRATENEM FISCH

ZUTATEN FÜR 2 PERSONEN

350 g kleine Pellkartoffeln
Salz
300 g Grünkohl
1 Zwiebel
3 EL Olivenöl
schwarzer Pfeffer aus der Mühle
Zucker
100 ml Weißwein
250 ml Gemüsebrühe
40 g Butter
2 Zanderfilets mit Haut (à ca. 120 g)
2 TL Zitronensaft
1 EL Mehl

ZUBEREITUNG (**30** MINUTEN)

1. Kartoffeln in Salzwasser ca. 20–25 Minuten kochen. Grünkohl gründlich in warmem Wasser waschen, Stiele entfernen und in der Salatschleuder trocken schleudern. Zwiebel schälen und fein würfeln.

2. 1 EL Öl in einer Pfanne erhitzen, Zwiebel und Grünkohl darin kurz andünsten, mit Salz, Pfeffer und 1 Prise Zucker würzen. Mit Weißwein und Brühe ablöschen und 6–8 Minuten offen schmoren. Butter unterrühren, aufkochen und warm stellen.

3. Zanderfilets waschen, trocken tupfen, auf der Hautseite mehrfach einschneiden. Mit Salz, Pfeffer und Zitronensaft würzen, mit Mehl bestäuben und in einer Pfanne in 2 EL heißem Öl auf der Hautseite 5-6 Minuten goldbraun braten, wenden und nochmals 2–3 Minuten braten. Mit Grünkohl und Pellkartoffeln servieren.

30 Minuten

25 Minuten

Tipp: Die küchenfertig zubereiteten Forellenfilets, geschuppt und entgrätet zum Braten auf der Haut, bestellen Sie am besten beim Fischhändler vor.

Der klassische Caesar Salad in einer unkomplizierten Variante mit delikater Begleitung – durch den Whiskey erhält die gebratene Lachsforelle ein würzig-rauchiges Aroma. Caesar Salad schmeckt aber auch zu gegrilltem Fleisch oder als schneller Sommersalat.

GEBRATENE WHISKEY-LACHSFORELLE AUF CAESAR SALAD

ZUTATEN FÜR 2–4 PERSONEN

2–4 küchenfertige Lachsforellenfilets (à ca. 140 g)
2 EL Whiskey
1–2 EL Kapern (aus dem Glas)
150 g saure Sahne
2 EL Olivenöl
1–2 TL Weißweinessig
30 g frisch geriebener Parmesan
½ Knoblauchzehe
Salz
schwarzer Pfeffer aus der Mühle
2 Römersalatherzen
1 kleine rote Zwiebel
2 Scheiben Weißbrot
5 EL Öl

ZUBEREITUNG (**25** MINUTEN)

1. Lachsforellenfilets waschen, trocken tupfen, in je 2 Stücke schneiden und mit Whiskey bestreichen. Kalt stellen.

2. Kapern abtropfen lassen. Für das Dressing saure Sahne mit Olivenöl, Essig, Parmesan, geschältem Knoblauch und 1 EL Kapernflüssigkeit mit einem Schneidstab verquirlen. Mit Salz und Pfeffer würzen.

3. Salat waschen und trocken schleudern. Zwiebel schälen und in Ringe schneiden. Brot in Würfel schneiden und diese in einer Pfanne mit 3 EL Öl goldbraun rösten, leicht salzen.

4. Brotwürfel herausnehmen. 2 EL Öl in der Pfanne erhitzen und die Fischstücke mit der Hautseite nach unten einlegen. 2 Minuten knusprig braten, mit Salz und Pfeffer würzen, wenden und noch 1 Minute auf der Fleischseite braten.

5. Salat mit dem Dressing vermischen, mit Brotwürfeln, Zwiebelringen und Kapern anrichten. Die Fischfilets dazuservieren.

Die berühmte „Maischolle“ ist eigentlich nur eine Marketingmaßnahme: Zwar gibt es die zarten Flachfische bereits im Mai, richtig gut schmecken sie aber erst nach einer gewissen Wachstumszeit – im Sommer.

GEBRATENE SCHOLLE MIT AVOCADO-TOMATEN-SALSA UND RÖSTZWIEBELREIS

ZUTATEN FÜR 2 PERSONEN

125 g Naturreis (siehe Tipp)
Salz
2 Tomaten
1 Frühlingszwiebel
½ Knoblauchzehe
1–2 TL Weißweinessig
5 EL Olivenöl
1 kleine Avocado
schwarzer Pfeffer aus der Mühle
2 Schollen (à ca. 450 g, küchenfertig ausgenommen, ohne Kopf)
2 Zwiebeln
2 EL Öl
Zucker

ZUBEREITUNG (**30** MINUTEN)

1. Den Reis 25 Minuten in Salzwasser kochen.

2. Tomaten entstrunken und würfeln, Frühlingszwiebel in feine Ringe schneiden, Knoblauch schälen und durchpressen. Alles mit Essig und 3 EL Olivenöl verrühren. Avocado längs halbieren, Fruchtfleisch auslösen, fein würfeln und dazugeben. Mit Salz und Pfeffer würzen.

3. Schollen waschen, trocken tupfen, mit der dunklen Seite nach oben auf ein Blech mit Backpapier legen, mit 2 EL Olivenöl bestreichen, mit Pfeffer und Salz würzen. Im heißen Ofen bei 220 °C Ober- und Unterhitze (Umluft nicht empfehlenswert) auf der zweiten Schiene von oben 18 Minuten garen.

4. Zwiebeln schälen, fein würfeln und im Öl goldbraun braten. Gegarten Reis abgießen, abtropfen lassen, zugeben und noch 1 Minute mitbraten. Mit Salz und 1 Prise Zucker würzen.

5. Fisch aus dem Ofen nehmen, dunkle Haut mit Gabel und Löffel abziehen. Fische auf Teller legen und mit Salsa und Zwiebelreis servieren.

30 Minuten

Tipp: Naturreis, also ungeschälter Langkornreis, enthält viele Mineral- und Ballaststoffe und hat einen wunderbar nussigen Geschmack.

25 Minuten

Ungewöhnlich leicht ist das cremige Erbsenpüree zu den kross gebratenen Barbenfilets. Das aromatische Olivenöl mit Zitronenmelisse erlaubt alternativ auch die Verwendung anderer Fischsorten, die zum Braten und Grillen geeignet sind.

GEBRATENE ROTBARBEN AUF ERBSENPÜREE MIT ZITRONENMELISSENÖL

ZUTATEN FÜR 2–4 PERSONEN

600 g mehligkochende Kartoffeln
Salz
300 g tiefgefrorene Erbsen
5 EL Olivenöl
15 Blätter Zitronenmelisse
100 ml Gemüsebrühe
100 ml Milch
schwarzer Pfeffer aus der Mühle
pro Person je 2–3 Rotbarbenfilets
(à 50 g, geschuppt und entgrätet)
3 EL Öl

ZUBEREITUNG (**25** MINUTEN)

1. Kartoffeln schälen und fein würfeln, 10 Minuten in Salzwasser kochen. Die Erbsen zugeben und weitere 5 Minuten kochen.

2. Olivenöl mit gehackter Zitronenmelisse verrühren und leicht salzen.

3. Brühe und Milch in einem Topf erhitzen, das Gemüse abgießen, abtropfen und zugeben. Mit Salz und Pfeffer würzen, mit einem Schneidstab pürieren und zugedeckt warm halten.

4. Die Rotbarben auf der Hautseite mehrfach einritzen und mit dieser Seite nach unten in eine Pfanne mit heißem Öl geben. 3 Minuten auf der Hautseite braten, mit Salz und Pfeffer würzen, wenden, würzen und weitere 2 Minuten braten. Fischfilets mit Püree und Zitronenmelissenöl auf vorgewärmten Tellern anrichten.

Für manche ist es Gemüse, für andere reine Provokation – kaum ein Lebensmittel spaltet die Gemüter so sehr wie Fleisch. Fakt ist, dass es essenzielle Aminosäuren liefert, die über pflanzliche Nahrung nicht zugeführt werden können. Außerdem enthalten vor allem rote Fleischsorten viele Vitamine und Mineralstoffe, die bei kurzen Garzeiten überwiegend erhalten bleiben.

Dieses Kapitel bringt von Geflügel über Lamm bis Wild verschiedene Fleischsorten auf den Tisch: etwa als Hähnchen-Cassoulet, Lammkoteletts mit Ziegenkäse-Kräuterkruste und Hirschmedaillons mit Parmesan-Kartoffelstampf. Beim Einkauf gilt unabhängig von der Fleischsorte: Nachfragen, woher das Tier stammt und wie es gehalten wurde! Denn Fleisch aus artgerechter Haltung ist nicht nur für das Gewissen gut, es hat auch eine deutlich bessere Qualität und mehr Geschmack.
Als „effilé“ bezeichnet man übrigens Geflügel, das nur gerupft mit Kopf und Füßen in den Handel kommt – so kann man nachvollziehen, ob es ein gutes Leben hatte.

GEFLÜGEL_ FLEISCH

Rauchiger Tennessee-Whiskey und süßer Honig würzen die schnellen Putensteaks aus der Pfanne, dazu gibt es butterigen Kürbisstampf. Ein herbstliches Küchen-Barbecue.

PUTEN-BARBECUE MIT HONIG UND WHISKEY AUF KÜRBISSTAMPF

ZUTATEN FÜR 4 PERSONEN

800 g Butternutkürbis
(wahlweise Hokkaido-Kürbis)
30 g Butter
Salz
1 Knoblauchzehe
4 EL Pflanzenöl
8 kleine Putenschnitzel
100 ml Tennessee-Whiskey
5 EL Honig
2 EL helle Sojasauce
1–2 Msp. Chiliflocken
1 kleine Stange junger Staudensellerie mit Grün

ZUBEREITUNG (**30** MINUTEN)

1. Kürbis schälen, entkernen und fein würfeln. In Salzwasser 15 Minuten kochen, abgießen, mit Butter mischen und zu Püree stampfen. Mit Salz würzen und warm stellen.

2. Knoblauch schälen und in Scheiben schneiden. Öl in einer Pfanne erhitzen, die Putenschnitzel darin in 6–8 Minuten goldbraun braten. Mit Salz würzen, mit Whiskey ablöschen. Einmal aufkochen, den Honig, die Sojasauce und den Knoblauch zugeben. Mit Salz und Chiliflocken würzen und offen kurz dicklich einkochen.

3. Staudensellerie grob hacken. Die Putensteaks auf dem Kürbisstampf anrichten, mit der Sauce beträufeln und mit Staudensellerie bestreut servieren.

30 Minuten

30 Minuten

Tandoori-Paste (auch „Tanduri Masala") ist eine indische Würzpaste. Sie besteht unter anderem aus den Zutaten Chili, Kreuzkümmel und Koriandersamen, die in einem Mörser zerstoßen werden. In Indien wird Tandoori Chicken auf Spießen im Tandur gegart, einem mit Holzkohle befeuerten Tonofen.

TANDOORI CHICKEN MIT GEWÜRZREIS

ZUTATEN FÜR 2 PERSONEN

75 g Joghurt
1 TL Tandoori-Paste
Öl zum Einfetten
2 Hähnchenbrustfilets (à ca. 100 g)
je 1/4 TL Koriandersaat, Fenchelsaat, Senfsaat
1 kleine rote Chilischote
1 TL Currypulver
1 EL Olivenöl
100 g Basmatireis
Salz
1 Stängel Minze

ZUBEREITUNG (30 MINUTEN)

1. 1 EL Joghurt mit Tandoori-Paste verrühren. Die Hähnchenfilets waschen, trocken tupfen und mit der Paste einreiben (siehe Tipp) und in einer geölten Auflaufform im heißen Ofen bei 220 °C Ober- und Unterhitze auf der zweiten Schiene von oben 25 Minuten garen, dabei einmal wenden.

2. Gewürze in einem Topf mit 1 EL Öl erwärmen, bis es duftet. Den Reis zugeben, glasig dünsten und mit 600 ml Wasser auffüllen. Zugedeckt bei milder Hitze 20–25 Minuten simmernd garen, bis die Flüssigkeit vollständig verdampft und der Reis weich ist. Mit Salz würzen.

3. Den restlichen Joghurt mit 3-4 Minzeblättern pürieren und leicht salzen. Die übrige Minze in feine Streifen schneiden. Hähnchen mit Reis und Joghurt anrichten. Mit der Minze bestreut servieren.

Tipp: Die Hähnchenbrüste können Sie schon mehrere Stunden vor dem Kochen mit der Tandoori-Joghurt-Mischung marinieren und zugedeckt kalt stellen. Tandoori-Paste finden Sie in gut sortierten Supermärkten oder im Asialaden.

Tomate pur: Nicht nur die Kirschtomaten werden durch das Anbraten hocharomatisch, auch die Polenta schmeckt tomatig leicht. Knoblauch, Parmesan und Basilikum geben der cremigen Maisgrießspeise aus Norditalien zudem Würze.

HÄHNCHENFILET MIT GEBRATENEN KIRSCHTOMATEN AUF TOMATEN-POLENTA

ZUTATEN FÜR 4 PERSONEN

4 Hähnchenbrustfilets mit Haut (à ca. 160 g)
Salz
schwarzer Pfeffer aus der Mühle
3 EL Olivenöl
400 ml passierte Tomaten
500 ml Hühnerbrühe
20 g Butter
1 geschälte Knoblauchzehe
250 g Polenta (Maisgrieß)
250 g Kirschtomaten an der Rispe
40 g frisch geriebener Parmesan
einige Blätter Basilikum

ZUBEREITUNG (**25** MINUTEN)

1. Hähnchenfilets waschen, trocken tupfen, mit Salz und Pfeffer würzen und in einer heißen Pfanne im Öl von jeder Seite 2 Minuten scharf anbraten. Die Hitze reduzieren und die Filets bei mittlerer Hitze weitere 15 Minuten braten, dabei ab und zu wenden.

2. Passierte Tomaten mit Brühe, Butter und durchgepresstem Knoblauch aufkochen, die Polenta einrühren und mit Salz und Pfeffer würzen. Bei milder Hitze 15 Minuten zugedeckt quellen lassen.

3. Kirschtomaten waschen, zu den Hähnchenfilets geben und weitere 5 Minuten braten. Mit Salz und Pfeffer würzen. Parmesan unter die Polenta rühren.

4. Hähnchenfilets in Scheiben schneiden und mit Polenta, Kirschtomaten und Basilikum anrichten.

25 Minuten

30 Minuten

Cassoulet, der französische Eintopfklassiker mit verschiedenen Fleischsorten, fettem Speck und Würsten, braucht ordentlich Zeit und verlangt nach vielen, kräftigen Essern. Diese alltagstaugliche Variante mit Hühnerfleisch ist etwas schlanker und schnell gemacht, wärmt aber ebenso gut an kalten Wintertagen.

HÄHNCHEN-CASSOULET MIT BOHNEN UND PAPRIKA

ZUTATEN FÜR 2–4 PERSONEN

3 Hähnchenkeulen, entbeint, mit Haut
(beim Metzger bestellen)
4 EL Olivenöl
1 rote Paprikaschote
1 Zwiebel
1 Knoblauchzehe
Salz
schwarzer Pfeffer aus der Mühle
1 TL getrocknetes Bohnenkraut
1 Dose weiße Bohnen (425 g)
250 ml Hühnerbrühe
30 g Butter
50 g Semmelbrösel
1 Stängel Petersilie

ZUBEREITUNG (**30** MINUTEN)

1. Hähnchen waschen, trocken tupfen und in 2–3 cm große Stücke schneiden. In einer Pfanne in heißem Öl erst auf der Haut, dann rundum goldbraun braten. Paprika entkernen und grob klein schneiden. Zwiebel schälen und in Spalten schneiden, Knoblauch schälen und fein würfeln.

2. Gemüse zum Hähnchenfleisch geben und 5 Minuten braten. Mit Salz, Pfeffer und Bohnenkraut würzen, die abgetropften Bohnen zugeben. Mit Brühe auffüllen. Offen 10 Minuten kochen.

3. Inzwischen die Butter in einer Pfanne schmelzen, Brösel zugeben und unter Rühren goldbraun rösten. Petersilie fein hacken und unterheben, die Brösel leicht salzen. Den Bohneneintopf kurz vor dem Servieren mit den Kräuterbröseln bestreuen.

„Kommse vonne Schicht, wat schönret gibt et nich, als wie Currywurst." Wissen wir, Herr Grönemeyer, und wir haben da wat Schönes für Sie: unsere Currysauce süß-pikant und hausgemacht, mit Mango und Röstzwiebeln. Müssen Sie probieren! „Ker scharf is die Wurst, Mensch dat gibt'n Durst, die Currywurst." Prost, Herr Grönemeyer, auf Sie!

CURRYWURST DE LUXE

ZUTATEN FÜR 4–6 PERSONEN

250 g Kirschtomaten
1 rote Zwiebel
2 EL Olivenöl
1 EL mildes Currypulver
1 EL Tomatenmark
1 EL Zucker
1 TL Weißweinessig
250 ml Tomatensaft
50 g Mangochutney
Salz
4-6 Krakauer
3 EL Öl
4 EL Röstzwiebeln
2 TL Schnittlauchröllchen

ZUBEREITUNG (**25** MINUTEN)

1. Kirschtomaten halbieren, Zwiebel schälen, in feine Streifen schneiden und beides in einer Pfanne im heißen Öl glasig dünsten. Mit Currypulver bestäuben, Tomatenmark und Zucker unterrühren und kurz schmoren, bis sich der Zucker gelöst hat.

2. Tomaten-Zwiebelgemüse mit Essig ablöschen und mit Tomatensaft und Mangochutney verrühren. 5 Minuten dicklich einkochen, mit Salz würzen.

3. Würste mit einem Messer mehrfach einritzen und in einer Pfanne im heißen Öl rundum 8–10 Minuten braten. Würste mit Currysauce, Röstzwiebeln und Schnittlauch anrichten.

25 Minuten

30 Minuten

Tipp: Dazu passen Salzkartoffeln oder Reis.

Für dieses Rezept eignen sich besonders die garfreudigen Kohlsorten Spitzkohl oder Jaromakohl. Fein geschnitten empfiehlt sich aber auch einfacher Weißkohl als senfscharfe Unterlage für die luftigen Frikadellen.

SCHNELLE FRIKADELLE MIT SCHARFEM KOHL

ZUTATEN FÜR 4 PERSONEN

4 Scheiben Toastbrot ohne Kruste
8 EL Milch
300 g gemischtes Hackfleisch
300 g frische rohe Bratwurst
2 EL scharfer Senf
1 Ei
2 Frühlingszwiebeln
4 Stängel Petersilie
Salz
schwarzer Pfeffer aus der Mühle
3 EL Öl
500 g Spitzkohl oder Jaromakohl
200 ml Sahne
Zucker
etwas Schnittlauch

ZUBEREITUNG (**30** MINUTEN)

1. Toastbrot in Milch einweichen. Hackfleisch mit herausgedrücktem Bratwurstbrät, Toastbrot, 1 EL Senf und dem Ei verkneten. Frühlingszwiebeln fein schneiden und mit gehackter Petersilie untermengen. Salzen, pfeffern. Mit feuchten Händen 8 Frikadellen formen.

2. Öl in einer Pfanne erhitzen, die Frikadellen darin bei mittlerer Hitze 12 Minuten braten, dabei öfter wenden. Herausnehmen und warm stellen.

3. Kohl putzen, den Strunk entfernen, in Streifen schneiden und im Frikadellenfett hellbraun braten. Mit Sahne ablöschen und offen dicklich einkochen. 1 EL Senf unterrühren, mit Salz, Pfeffer und 1 Prise Zucker abschmecken. Schnittlauch in Röllchen schneiden und unterrühren. Mit den Frikadellen servieren.

Gebratene Schupfnudeln mit Kohl oder Sauerkraut sind ein schwäbisches Traditionsessen, die Zugabe von Apfelkompott zu pikanten Gerichten ist dann eine eher norddeutsche Angelegenheit, und das Kasseler stammt ursprünglich aus Berlin. Da wächst auf dem Teller zusammen, was zusammengehört.

GEBRATENE SCHUPFNUDELN MIT KASSELER UND APFELKOMPOTT

ZUTATEN FÜR 4 PERSONEN

600 g geräuchertes Kasseler am Stück
Salz
350 g Weißkohl
Öl
400 g Schupfnudeln (aus dem Kühlregal)
gemahlener Kümmel
schwarzer Pfeffer aus der Mühle
1 Glas stückiges Apfelkompott (370 g)

ZUBEREITUNG (**30** MINUTEN)

1. Kasseler in einen Topf mit heißem Salzwasser geben und 25 Minuten leise köcheln lassen. Weißkohl entstrunken, Blätter grob würfeln und in einer großen Pfanne im heißen Öl bei mittlerer Hitze 10 Minuten braten.

2. Schupfnudeln und Kümmel zugeben und weitere 10 Minuten bei mittlerer Hitze braten. Mit Salz und Pfeffer würzen.

3. Kasseler mit einer Gabel aus dem Wasser heben, in Scheiben schneiden und mit Schupfnudeln und dem Apfelkompott servieren.

30 Minuten

30 Minuten

Tipp: Fünf-Gewürze-Pulver ist eine in jedem Gewürzregal erhältliche, traditionelle chinesische Würzmischung aus Sternanis, Szechuanpfeffer, Zimt, Fenchelsamen und Gewürznelken. Die hocharomatische Würzung ist sehr sparsam zu verwenden.

Die Italiener und die Chinesen streiten schon lange darüber, wer die Nudel erfunden hat. Genussmenschen dagegen halten sich mit solchen Kleinigkeiten nicht auf und vereinen stattdessen die Parteien bei scharfen italienischen Spaghetti mit süß-zart geschmortem Schweinebauch chinesischer Art.

GELACKTER SCHWEINEBAUCH AUF CHILI-SPAGHETTI

ZUTATEN FÜR 2 PERSONEN

350 g dicke Grill-Schweinebauchscheiben
Salz
10 g Ingwerwurzel
1 Knoblauchzehe
5 EL helle Sojasauce
2 EL flüssiger Honig
1 EL Essig
1 Msp. Fünf-Gewürze-Pulver
250 g Spaghetti
4 EL Olivenöl
4 Stängel Petersilie
1–2 Msp. Chiliflocken

ZUBEREITUNG (**30** MINUTEN)

1. Schweinebauch von Knorpeln und Schwarte befreien und in 2-3 cm breite Stücke schneiden. In Salzwasser 20 Minuten leise kochen.

2. Ingwer und Knoblauch schälen, fein würfeln, mit Sojasauce, Honig, Essig, Fünf-Gewürze-Pulver und 4 EL Wasser vermischen.

3. Spaghetti nach Packungsanweisung kochen.

4. Fleisch abgießen und mit Küchenpapier trocken tupfen. 1 EL Öl in einer Pfanne erhitzen. Fleisch darin 2–3 Minuten knusprig braten. Sojasaucenmischung zugeben und ca. 5 Minuten schmoren, bis die Sauce das Fleisch umhüllt.

5. Petersilie grob hacken. Spaghetti abgießen, tropfnass mit 3 EL Öl, Chiliflocken und Petersilie in einer zweiten Pfanne 2 Minuten schwenken, mit Salz würzen. Das Fleisch mit den Spaghetti servieren.

Die saftigen Nackensteaks gelingen in der Pfanne und auf dem Grill. Sie werden vor dem Servieren mit Hoisin-Sauce gewürzt, einer asiatischen Barbecuesauce. Dazu schmecken der chilischarfe Gurkensalat und duftender Thai-Jasminreis

NACKENSTEAKS MIT HOISIN-SESAM-SAUCE UND SCHARFEM GURKENSALAT

ZUTATEN FÜR 4 PERSONEN

2 Gurken
Salz
180 g Thai-Jasminreis
2 EL Sesamsaat
1–2 TL Sojasauce
1–2 TL Weißweinessig
1 EL flüssiger Honig
4 EL Olivenöl
1 kleine geschälte Knoblauchzehe
½-1 rote Chilischote
2 Stängel Koriander
4 Schweinenackensteaks
3 EL Öl
4 EL Hoisin-Sauce (siehe Tipp)

ZUBEREITUNG (**30** MINUTEN)

1. Gurken waschen, in feine Scheiben schneiden oder hobeln, mit Salz würzen und ziehen lassen. Reis nach Packungsanweisung zubereiten. Sesam in einer Pfanne ohne Fett rösten.

2. Für die Gurkensalat-Vinaigrette Sojasauce mit Essig, Honig und Olivenöl verrühren, durchgepressten Knoblauch, fein gehackte Chilischote und gehackten Koriander unterrühren. Mit Salz würzen.

3. Steaks waschen, trocken tupfen und in einer Pfanne im heißen Öl oder dünn mit Öl bestrichen auf dem Grill von jeder Seite 6–8 Minuten braten bzw. grillen.

4. Gurken aus dem Gurkenwasser nehmen, möglichst trocken ausdrücken und mit der Vinaigrette vermengen. Thai-Jasminreis abgießen. Steaks dünn mit Hoisin-Sauce bestreichen und mit geröstetem Sesam bestreuen. Mit Gurkensalat und Reis servieren.

30 Minuten

Tipp: Hoisin-Sauce, eine süß-würzige Barbecuesauce aus China und Vietnam, bekommt man im Asialaden, aber auch im gut sortierten Supermarkt im Spezialitätenregal.

35 Minuten

Tipp: Das beste Bratergebnis erzielen Sie, wenn Sie die Koteletts 1–2 Stunden vor der Zubereitung aus dem Kühlschrank nehmen und Zimmertemperatur annehmen lassen.

Zu einem echten nordamerikanischen Barbecue mit dicken Koteletts vom Landschwein gehört immer ein fruchtig-scharfes Blaubeer-Chutney, denn dort wachsen die hocharomatischen Wildblaubeeren auf weiten Feldern.

SCHWEINEKOTELETTS MIT MÖHREN UND BLAUBEER-ZWIEBEL-CHUTNEY

ZUTATEN FÜR 4 PERSONEN

1 rote Zwiebel
6 EL Olivenöl
200 g wilde Blaubeeren (Heidelbeeren)
2 EL Honig
1 TL Balsamessig
Salz
schwarzer Pfeffer aus der Mühle
4 Möhren
150 ml Gemüsebrühe
4 Schweinekoteletts

ZUBEREITUNG (**35** MINUTEN)

1. Zwiebel schälen, fein würfeln und in einem Topf in 1 EL heißem Öl andünsten. 125 g Blaubeeren zugeben und mit Honig und Balsamessig ablöschen. Mit Salz und Pfeffer würzen und offen 3 Minuten schmoren. Übrige Blaubeeren zugeben und weitere 2 Minuten schmoren. Beiseitestellen.

2. Möhren schälen, dritteln und in mundgerechte Stifte schneiden. Möhrenstifte 2 Minuten in 2 EL heißem Olivenöl braten. Brühe zugeben und offen schmoren, bis die komplette Flüssigkeit verdampft ist. Mit Salz und Pfeffer würzen und warm stellen.

3. 3 EL Öl in einer großen Pfanne erhitzen. Die Schweinekoteletts waschen, trocken tupfen und von jeder Seite 4–6 Minuten braten. Mit Salz und Pfeffer würzen. Mit Möhrengemüse und Blaubeer-Chutney servieren.

Butterzart gelingen die Koteletts vom neuseeländischen Lamm unter einer würzigen Kruste aus Ziegenfrischkäse, mediterranen Kräutern und getrockneten Tomaten.

NEUSEELAND-LAMMKOTELETTS MIT ZIEGENKÄSE-KRÄUTERKRUSTE

ZUTATEN FÜR 4 PERSONEN

12 Neuseeland-Lammstielkoteletts (à ca. 70–80 g)
Salz
schwarzer Pfeffer aus der Mühle
7 EL Olivenöl
150 g Ziegenfrischkäse
2 getrocknete Soft-Tomaten
1 Knoblauchzehe
1 Zweig Rosmarin
1 Zweig Thymian
40 g Semmelbrösel
2 EL Dijon-Senf
100 g gemischte Blattsalate
(z. B. Rauke, Radicchio, Mangoldsalat)
1 EL Weißweinessig

ZUBEREITUNG (**30** MINUTEN)

1. Lammkoteletts waschen, trocken tupfen, mit Salz und Pfeffer würzen. In einer ofenfesten Pfanne in 3 EL heißem Olivenöl von jeder Seite kurz scharf anbraten. Herausnehmen, abkühlen lassen, beiseitestellen.

2. Ziegenkäse zerbröseln, getrocknete Tomaten, geschälten Knoblauch, Rosmarin und Thymian fein hacken. Alles mit den Semmelbröseln und 1 EL Olivenöl verkneten. Mit Pfeffer würzen, nicht salzen!

3. Lammkoteletts einseitig dünn mit Dijon-Senf bestreichen, die Ziegenkäsemasse auf einer Seite der Koteletts verteilen und zurück in die Pfanne setzen. Im heißen Ofen bei 220 °C Ober- und Unterhitze auf der zweiten Schiene von oben 10–12 Minuten garen.

4. Salat putzen, waschen, trocken schleudern und in mundgerechte Stücke zupfen. Mit Salz, Pfeffer, Essig und 3 EL Olivenöl anmachen. Zu den Lammkoteletts servieren.

30 Minuten

30 Minuten

Tipp: Die reisförmigen Kritharaki-Nudeln kommen aus Griechenland, bei uns sind sie im gut sortierten Supermarkt zu bekommen.

Der griechische Auflaufklassiker in einer Variante, die nicht aufwendig geschichtet wird: Das Lammfleisch schmort mit mediterranem Gemüse und Tomatensauce ganz schlicht in der Pfanne. Dazu ein schöner kalter Ouzo!

PFANNEN-MOUSSAKA

ZUTATEN FÜR 4 PERSONEN

1 Aubergine
2 rote Paprikaschoten
2 Zwiebeln
1 rote Chilischote
2 Knoblauchzehen
600 g Lammhüfte ohne Knochen
7 EL Olivenöl
Salz
schwarzer Pfeffer aus der Mühle
Zucker
1 Dose stückige Tomaten (425 g)
200 g Kirschtomaten
1 Zweig Rosmarin
250 g Kritharaki-Nudeln (siehe Tipp)
2 Stängel Petersilie
80 g Fetakäse

ZUBEREITUNG (**30** MINUTEN)

1. Aubergine, Paprika und geschälte Zwiebeln würfeln. Chilischote in Ringe, Knoblauch schälen und in Scheiben schneiden. Lammfleisch waschen, trocken tupfen, in 1 cm große Würfel schneiden und in 3 EL Öl scharf anbraten. Salzen, pfeffern und beiseitestellen.

2. Gemüse in einer großen Pfanne in 4 EL Öl 5 Minuten braten, mit Salz, Pfeffer und 1 Prise Zucker würzen. Lammfleisch, stückige Tomaten, Kirschtomaten und Rosmarin zugeben. Offen 15 Minuten kochen.

3. Kritharaki-Nudeln nach Packungsanweisung in Salzwasser kochen. Petersilie zupfen und über die Lammpfanne streuen. Mit Fetakäsebröseln bestreuen. Nudeln abgießen und dazuservieren.

In Verbeugung vor dem klassischen Wiener Schnitzel wird das Hirschschnitzel von einer aromatischen Kräuter-Semmelkruste umhüllt und mit selbst gemachtem Spitzkohlsalat serviert.

HIRSCHSCHNITZEL IN KRÄUTERBRÖSELN MIT SPITZKOHLSALAT

ZUTATEN FÜR 4 PERSONEN

50 g Speckwürfel
10 EL Öl
800 g Spitzkohl
½ TL Kümmelsaat
Salz
schwarzer Pfeffer aus der Mühle
Zucker
1 TL scharfer Senf
2 EL Weißweinessig
2 Zweige Rosmarin
1 Stängel Petersilie
120 g Semmelbrösel
400 g Hirschsteakfleisch (aus der Keule oder Filet)
4 EL Mehl
1 Ei (L)
30 g Butter
4 EL Preiselbeerkonfitüre

ZUBEREITUNG (**25** MINUTEN)

1. Speckwürfel in 3 EL Öl knusprig braten. Den Spitzkohl halbieren, den Strunk entfernen und fein hobeln. Kümmel zum Speck geben, kurz rösten und alles zum Kraut geben.

2. Kraut mit Salz, Pfeffer, 1 guten Prise Zucker, Senf und Essig würzen. Mit den Händen weich kneten. Krautsalat beiseitestellen.

3. Rosmarinnadeln und Petersilie mit den Semmelbröseln in einer Moulinette klein hacken. Hirschfleisch waschen, trocken tupfen, in 8 dünne Schnitzel schneiden, in Mehl wenden, durch das verquirlte Ei ziehen und mit den Kräuterbröseln panieren.

4. Schnitzel in einer großen beschichteten Pfanne in 6 EL heißem Öl von jeder Seite 3–4 Minuten goldbraun backen. Butter zugeben, aufwallen lassen und die Schnitzel noch 1 Minute in der schäumenden Butter schwenken. Die Schnitzel auf Küchenpapier abtropfen lassen und mit Salz würzen. Mit Krautsalat und Preiselbeerkonfitüre servieren.

25 Minuten

30 Minuten

Tipp: Das optimale Bratergebnis erreichen Sie, wenn Sie das Fleisch eine halbe Stunde vor der Zubereitung aus dem Kühlschrank nehmen und Zimmertemperatur annehmen lassen.

Hirschfilet ist besonders zart und würzig, ohne den bei Wildfleisch üblichen Hautgout. Es muss nicht vormariniert werden und eignet sich so auch für die schnelle Alltagsküche. Nur leicht gewürzt und medium gebraten harmoniert es gut mit dem cremigen Kartoffelstampf.

HIRSCHMEDAILLONS MIT PARMESAN-KARTOFFELSTAMPF

ZUTATEN FÜR 4 PERSONEN

800 g mehligkochende Kartoffeln
Salz
40 g Butter
150 ml Buttermilch
50 ml Milch
schwarzer Pfeffer aus der Mühle
60 g Parmesan
2 Hirschfilets (à ca. 400 g, Zimmertemperatur, siehe Tipp)
1 TL getrockneter Thymian
1 kleine rote Zwiebel
4 EL Olivenöl

ZUBEREITUNG (**30** MINUTEN)

1. Für den Kartoffelstampf die Kartoffeln schälen und in Salzwasser 20–25 Minuten weich kochen. Butter mit Buttermilch und Milch erwärmen (nicht kochen!), mit Salz und Pfeffer würzen. Vom Parmesan etwas für die Dekoration abhobeln, den Rest fein reiben und beiseitestellen.

2. Die Hirschfilets kalt abwaschen und mit Küchenpapier trocken tupfen. Die Silberhäutchen vom Fleisch entfernen, die Filets in je 4 Stücke schneiden, auf die Schnittfläche legen und zu Medaillons formen. Mit Salz, Pfeffer und Thymian würzen.

3. Zwiebel schälen, halbieren und in feine Spalten schneiden. Olivenöl in einer Pfanne erhitzen, die Medaillons im heißen Öl von jeder Seite 3–4 Minuten braten. Herausnehmen und in Alufolie gewickelt ruhen lassen. Geschälte Zwiebelspalten im Bratfett kurz andünsten und mit Salz würzen.

4. Kartoffeln abgießen, mit der Butter-Milch-Mischung zerstampfen. Parmesan unterrühren und mit Salz würzen. Mit Hirschsteaks, Zwiebel und gehobeltem Parmesan servieren.

Fast jedes Lebewesen liebt den süßen Geschmack, denn er weist auf das Vorhandensein von Mono- oder Disacchariden hin, schnellen Energielieferanten, die auch unter dem Namen Zucker bekannt sind. Der fördert im Gehirn die Bildung von Serotonin, was uns beschwingt und glücklich macht. Auch die Verknüpfung bestimmter Süßigkeiten mit schönen Kindheitserinnerungen oder das Gefühl, sich einfach mal etwas zu gönnen, stimmt uns freudig. Nicht zuletzt sind Süßspeisen der krönende Abschluss eines Menüs.

Altbewährte Desserts erhalten in diesem Kapitel eine Neuauflage – etwa der Blitzkaiserschmarrn mit Preiselbeeren oder das Friesen-Trifle –, vorgestellt werden aber auch fruchtig-frische Neukreationen wie der Orangen-Grapefruit-Salat mit gebrannten Mandeln oder die Mango mit Kokosstreuseln aus dem Ofen. Das Orangen-Aprikosen-Couscous oder der Safranmilchreis können als süße Hauptmahlzeit serviert werden, und der Hausgemachte Schokopudding ist jederzeit ein zuverlässiger Seelentröster.

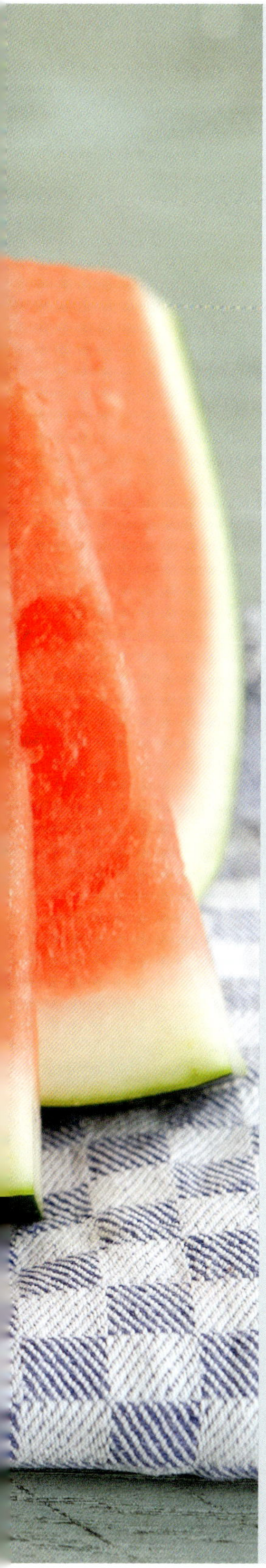

SÜSSES_ DESSERTS

Im Orient wird Couscous auch als Süßigkeit gereicht, veredelt mit Früchten, Nüssen und Rosenwasser. Diese warme Variante mit Sahne, Soft-Aprikosen, Honig und frischer Mango ist ein echter Seelenwärmer, der auch kalt genossen glücklich macht.

SÜSSES ORANGEN-APRIKOSEN-COUSCOUS MIT MANGO

ZUTATEN FÜR 4 PERSONEN

200 g getrocknete Soft-Aprikosen
300 ml Orangensaft
3 EL flüssiger Honig
250 g Couscous
1 reife Mango
250 ml Sahne
25 g gehackte Pistazien

ZUBEREITUNG (**20** MINUTEN)

1. Aprikosen vierteln, mit dem Orangensaft und Honig aufkochen. Couscous einrieseln lassen, kurz unterrühren, aufkochen und vom Herd ziehen. Zugedeckt 5 Minuten ziehen lassen.

2. Mango schälen, Fruchtfleisch vom Stein schneiden und würfeln.

3. Den Topf wieder auf den Herd stellen. Couscous mit der Sahne cremig rühren und nochmals leicht erwärmen. Auf vorgewärmte Teller verteilen, mit Mangowürfeln und Pistazien bestreuen und mit Honig beträufelt servieren.

20 Minuten

20 Minuten

Safran verleiht diesem Milchreis nicht nur eine goldene Farbe, sondern ebenso einen edlen Geschmack. Zu dem heißen Reis werden neben einer kühlenden Buttermilch auch geröstete Pinienkerne und Pistazien gereicht.

SÜSSER SAFRANMILCHREIS

ZUTATEN FÜR 2 PERSONEN

je 6 getrocknete Apfelringe und getrocknete Aprikosen
(wahlweise 60 g gemischtes Backobst)
500 ml Milch
1 Msp. Safranpulver
40 g Zucker
Salz
20 g Butter
125 g Minuten-Milchreis
je 1 EL Pinienkerne und gehackte Pistazien
100 ml kalte Buttermilch
1 EL Zitronensaft
1 Päckchen Bourbon-Vanillezucker

ZUBEREITUNG (**20** MINUTEN)

1. Getrocknete Apfelringe und Aprikosen vierteln und mit Milch, Safran, Zucker, 1 Prise Salz und der Butter aufkochen. Den Reis einrühren und nach Packungsanweisung garen.

2. Pinienkerne und Pistazien in einer Pfanne ohne Fett rösten.

3. Buttermilch mit Zitronensaft und dem Vanillezucker verrühren und abschmecken.

4. Milchreis auf Tellern oder in kleinen Schüsseln anrichten. Mit den gerösteten Pinienkernen und Pistazien bestreuen. Zum Schluss die Buttermilch angießen und servieren.

Der Clou bei diesem süßen Hauptgericht sind die ungewohnten, geschmacklich verwandten Beeren: Statt der üblichen Rosinen stecken im luftigen Teig getrocknete Cranberrys. Und dazu gibt es Preiselbeerkonfitüre.

BLITZKAISERSCHMARRN MIT PREISELBEEREN

ZUTATEN FÜR 4 PERSONEN

4 Eier (M)
200 ml Milch
4 EL Öl
1 Päckchen Bourbon-Vanillezucker
80 g getrocknete Cranberrys
Salz
200 g Mehl
½ Päckchen Backpulver
50 g Butter
Puderzucker zum Bestäuben
Preiselbeerkonfitüre

ZUBEREITUNG (**20** MINUTEN)

1. Eier mit Milch, 1 EL Öl, Vanillezucker, Cranberrys und 1 Prise Salz verquirlen. Mehl und Backpulver mischen, mit einem Handrührgerät unterrühren.

2. 3 EL Öl und 20 g Butter in einer großen Pfanne bei mittlerer Hitze schmelzen, den Teig hineingeben und 5 Minuten stocken lassen.

3. Den Teig mit zwei Pfannenwendern teilen, in mundgerechte Stücke rupfen und einige Minuten weiterbraten, bis der Schmarrn goldbraun ist. 30 g Butter zugeben, mit Puderzucker bestäuben und nochmals 2–3 Minuten braten.

4. Mit Preiselbeerkonfitüre servieren und nach Geschmack erneut mit Puderzucker bestreuen.

20 Minuten

20 Minuten

Das süße Resteessen aus altem Brot wird weltweit geschätzt: In England kennt man es als "Poor Knights of Windsor" und in den USA als „French Toast“, in Holland heißt es "Wentelteefje" und in Russland "Grenki", in Frankreich wird „Pain perdu“ gereicht und in der Schweiz "Fotzelschnitten". In dieser Version beleben Rosinenbrötchen, frische Birne und die einfachste Vanillesauce der Welt die Armen Ritter.

ROSINENBRÖTCHEN-ARME-RITTER MIT BIRNE

ZUTATEN FÜR 4 PERSONEN

4 EL Vanilleeis
1 Birne
3 EL Weißwein
Zucker
3 Eier (M)
100 g Schmand
2 Rosinenbrötchen
4 EL Öl

ZUBEREITUNG (**20** MINUTEN)

1. Vanilleeis an einem warmen Ort schmelzen. Birne waschen, entkernen, fein würfeln und mit 1 EL Weißwein und 1 TL Zucker marinieren. Mit einem Handrührgerät die Eier mit 2 EL Weißwein, Schmand und 50 g Zucker glatt rühren.

2. Brötchen in je 5 Scheiben schneiden. Nacheinander erst in die Eimasse tauchen und dann in einer Pfanne im heißen Öl auf beiden Seiten goldbraun backen. Herausnehmen und nach Belieben mit Zucker bestreuen.

3. Geschmolzenes Vanilleeis als Sauce auf Tellern verteilen, die Birnenwürfel und die warmen Arme-Ritter-Scheiben anrichten.

Erdbeeren im Doppelpack, cremig-kühler Sahnejoghurt und süßer Honig? Das klingt nach Suchtalarm! Diese fruchtige Variante des griechischen „Jaourti me meli" wird statt mit Walnüssen mit geröstetem Müsli aus dem Ofen bestreut.

ERDBEEREN MIT GERÖSTETEM MÜSLI UND JOGHURT

ZUTATEN FÜR 4 PERSONEN

100 g Müsliflocken-Grundmischung, zuckerfrei
20 g Zucker
1 EL Öl
500 g Erdbeeren
1 EL Puderzucker
1–2 EL Zitronensaft
500 g griechischer Joghurt
flüssiger Honig nach Geschmack

ZUBEREITUNG (**15** MINUTEN)

1. Müsli mit Zucker und Öl mischen und auf einem Backblech mit Backpapier ausbreiten. Im heißen Ofen bei 200 °C Ober- und Unterhitze auf der zweiten Schiene von oben 12 Minuten rösten.

2. Erdbeeren waschen und putzen. Die Hälfte davon mit Puderzucker und Zitronensaft pürieren, die Sauce durch ein Sieb passieren. Die übrigen Früchte mundgerecht stückeln.

3. Joghurt mit Fruchtpüree, Erdbeeren und Honig anrichten, mit dem gerösteten Müsli bestreut servieren.

15 Minuten

15 Minuten

Wenn vom Bummel über den Weihnachtsmarkt gebrannte Mandeln übrig bleiben, einfach über dieses Dessert streuen.

ORANGEN-GRAPEFRUIT-SALAT MIT GEBRANNTEN MANDELN

ZUTATEN FÜR 4–6 PERSONEN

1 Vanilleschote
100 g Mascarpone
2 EL Puderzucker
1 TL Zitronensaft
2–3 EL Milch
4 Orangen
2 rosa Grapefruits
50 g gebrannte Mandeln

ZUBEREITUNG (**15** MINUTEN)

1. Vanilleschote halbieren, das Mark herausschaben und mit Mascarpone, Puderzucker, Zitronensaft und Milch cremig rühren. Orangen und Grapefruits so schälen, dass auch die weiße Haut entfernt wird. In dünne Scheiben schneiden und auf Tellern anrichten.

2. Die gebrannten Mandeln grob hacken. Vanille-Mascarpone über die Orangen und Grapefruits träufeln und mit den gebrannten Mandeln bestreut servieren.

Das elegante Dessert lässt sich gut vorbereiten und ist überraschend einfach: Die cremige Vanillesauce ist aus geschmolzenem Vanilleeis und passt hervorragend zu den eisgekühlten Melonenwürfeln, die in perlendem Sekt gebadet wurden.

MELONE MIT SEKT UND VANILLESAUCE

ZUTATEN FÜR 2–4 PERSONEN

200 g Vanilleeis
1 kleine, gekühlte Wassermelone
2 Stängel Minze
1 Glas Sekt

ZUBEREITUNG (**10** MINUTEN)

1. Das Vanilleeis schmelzen lassen (siehe Tipp). Die Wassermelone vierteln, Kerne entfernen, das Fruchtfleisch in Würfel schneiden und diese auf einer Platte anrichten. Mit frisch gehackter Minze bestreuen und mit Sekt beträufeln.

2. Die Vanillesauce auf den Melonenwürfeln anrichten.

Tipp: Je nach Bedarf können Sie das Vanilleeis über Nacht im Kühlschrank auftauen lassen oder es bei Zimmertemperatur in 1–2 Stunden schmelzen. Ganz Eilige schmelzen das Eis auf dem Herd bei kleiner Hitze im Topf. Die Melonenwürfel lassen sich gut vorbereiten und ziehen, gut gekühlt, auch gerne noch 1–2 Stunden im Sekt.

10 Minuten

15 Minuten

Dieser schnelle Nachtisch fürs Grillfest schmeckt auch zu Hause aus der Pfanne. Man sollte unbedingt frische Ananas verwenden, die in vielen Supermärkten bereits geschält und geschnitten angeboten wird und durch das Grillen noch süßer und aromatischer wird.

GEGRILLTE ANANAS MIT THYMIAN-PINIENKERN-HONIG

ZUTATEN FÜR 4 PERSONEN

3 Zweige Zitronenthymian (wahlweise Thymian)
1 unbehandelte Limette
30 g Pinienkerne
1 TL Öl
6 EL flüssiger Honig
4 frische Ananasscheiben
Vanilleeis

ZUBEREITUNG (**15** MINUTEN)

1. Thymianblättchen von den Zweigen streifen, 1 TL Limettenschale fein abreiben. Pinienkerne grob hacken und in einem Topf mit dem Öl bei mittlerer Hitze unter Rühren goldbraun rösten. Thymianblättchen und Limettenabrieb zugeben, mit Honig verrühren und anschließend sofort vom Herd nehmen.

2. Alle Ananasscheiben beidseitig mit insgesamt 2 EL Limettensaft beträufeln. Wahlweise auf einem Grill mit sauberem Rost oder einer leicht eingeölten Grillpfanne von beiden Seiten goldbraun grillen.

3. Ananasscheiben auf Tellern mit dem Honig anrichten und kurz vor dem Servieren je 1 Kugel Eis aufsetzen.

Mit einer perfekt gereiften Mango schmeckt diese warme Nachspeise am besten: Süße Fruchtfächer schmelzen unter knusprigen Kokosstreuseln, dazu ein Klacks kühle Espresso-Sahne.

MANGO MIT KOKOSSTREUSELN AUS DEM OFEN MIT ESPRESSO-SAHNE

ZUTATEN FÜR 4 PERSONEN

50 g Butter oder Margarine
75 g Mehl
40 g Zucker
20 g Kokosraspel
2 reife Mangos (à ca. 300 g)
150 ml Sahne
½ TL Instant-Espressopulver
1 Prise Zimt
1 Päckchen Vanillezucker

ZUBEREITUNG (**20** MINUTEN)

1. Für die Streusel Butter mit Mehl, Zucker und Kokosraspel in eine Schüssel geben, kurz verkneten und zwischen den Händen schnell zu Bröseln reiben. Kalt stellen.

2. Die beiden Mangos mit einem Sparschäler schälen, die Fruchtfleischhälften von beiden Seiten des Steins abschneiden, fächerförmig einschneiden und auf ein Blech mit Backpapier setzen.

3. Das übrige Fruchtfleisch vom Stein schneiden und würfeln. Fruchtfächer leicht auseinanderdrücken und mit den Kokosstreuseln und Fruchtwürfeln bestreuen. Im heißen Ofen bei 220 °C Ober- und Unterhitze auf der zweiten Schiene von oben 15 Minuten goldbraun backen.

4. Sahne mit Espressopulver, Zimt und Vanillezucker steif schlagen. Zu den Mangohälften mit den Kokosstreuseln servieren.

20 Minuten

15 Minuten

Gibt es einen besseren Seelentröster als warmen Schokoladenpudding? Ja, hausgemachten Schokoladenpudding! Mit echter Schokolade. Und feinstem Kakao. Und Sahne. Plus Kuchenwürfel. Schmeckt auch dann, wenn man gerade gar keinen Trost braucht.

HAUSGEMACHTER SCHOKOPUDDING

ZUTATEN FÜR 4 PERSONEN

350 ml Milch
150 ml Sahne
50 g Speisestärke
2 EL Kakaopulver
40 g Zucker
50 g Zartbitterschokolade, gehackt
10 g Butter
1 Scheibe Marmorkuchen
1 EL gehackte Pistazien

ZUBEREITUNG (**15** MINUTEN)

1. Milch mit Sahne verquirlen. Stärke mit Kakaopulver mischen. 375 ml Milch-Sahne-Mischung mit Zucker, Schokolade und Butter aufkochen. Vom Herd nehmen.

2. Übrige Milch-Sahne-Mischung mit der Stärke-Kakao-Mischung verquirlen und unter die heiße Milch rühren. Unter Rühren aufkochen.

3. Pudding auf Teller oder in Schalen geben. Marmorkuchen würfeln und mit Pistazien auf dem Pudding verteilen.

Yufka-Teig, die türkische Variante des Strudelteigs, knuspert grandios und spart viel Zeit. Die dünnen Teigplatten lassen sich schnell zu süßen Kunststücken verarbeiten oder werden, mit herzhafter Füllung gebacken, als Börek serviert.

EXPRESS-BANANENSTRUDEL

ZUTATEN FÜR 4 PERSONEN

250 g Quark (20 % Fett i. Tr.)
2 Eier (M)
2 EL Puderzucker
Öl für die Form
8 Yufka-Teig-Dreiecke
1 Banane
Puderzucker zum Bestreuen
Schokoladen- oder Vanillesauce, nach Belieben

ZUBEREITUNG (**25** MINUTEN)

1. Quark mit 1 Ei und dem Puderzucker verquirlen. Das zweite Ei mit 2 EL Wasser verquirlen. Die vier äußersten Vertiefungen einer Muffin-Form leicht ölen.
Je 2 Yufka-Teig-Dreiecke mit Ei-Wasser-Mischung bestreichen und entgegengesetzt, leicht überlappend aufeinanderlegen, sodass ein Stern entsteht. Die Sterne in die geölten Muffin-Vertiefungen setzen und den Boden mittig nach unten drücken.

2. Banane schälen, vierteln und auf die Böden verteilen. Die Stücke mit Quark bedecken. Im heißen Ofen auf der untersten Schiene bei 200 °C Ober- und Unterhitze 15 Minuten backen. Mit Puderzucker bestreut servieren. Dazu passt Schokoladen- oder Vanillesauce.

Tipp: Yufka-Teig, der auch Phyllo- oder Filoteig genannt wird, gibt es im gut sortierten Supermarkt und in jedem türkischen Gemüsegeschäft. Die Blätter lassen sich einzeln entnehmen, der übrige Teig kann gut eingefroren werden.

25 Minuten

15 Minuten

Der Apfelkuchen aus dem Glas ist eine cremige Variation der bekannten Frischkäsetorte und kommt ganz ohne Gelatine aus. Das Rezept lässt sich leicht vervielfachen und gut vorbereiten, ist also buffet- und partytauglich.

SCHNELLER APFELKUCHEN AUS DEM GLAS

ZUTATEN FÜR 2 PERSONEN

200 g griechischer Joghurt
50 g Frischkäse
1 TL Zitronensaft
1 TL flüssiger Honig
½ Päckchen Bourbon-Vanillezucker
4 Löffelbiskuits
100 g Apfelkompott (aus dem Glas)

ZUBEREITUNG (**15** MINUTEN)

1. Joghurt und Frischkäse mit Zitronensaft, Honig und Vanillezucker glatt rühren. Löffelbiskuits in feine Scheiben schneiden und in kleine Wasser- oder Weckgläser füllen.

2. Frischkäsemasse auf den Biskuits verteilen und mit Apfelkompott garnieren.

Zwischen Nordfriesland und Großbritannien liegt nur ein Stück Nordsee, hüben wie drüben schätzt man Tee, Gebäck und einen stärkenden Schluck Rum, da lag es nahe, den britischen Schichtdessert-Klassiker Trifle („Kleinigkeit") auch mal in einer friesischen Variation zu versuchen. Ein süßes Stück gelungener Kulturaustausch.

FRIESEN-TRIFLE

ZUTATEN FÜR 8 SCHNITTEN

1 Kasten-Rührkuchen Zitrone (350 g)
80 ml brauner Rum
2 Teebeutel Ostfriesentee
1 Glas Pflaumenhälften (780 g)
4 EL Mandelblättchen
Puderzucker
Zimtpulver
250 g dickflüssiger bis fester Vanillepudding

ZUBEREITUNG (**25** MINUTEN)

1. Boden und Deckel des Kastenkuchens dünn abschneiden und zerbröseln. Kuchen längs in 4 lange Scheiben schneiden, die Scheiben halbieren. Die 8 Kuchenscheiben auf ein Blech legen.

2. 150 ml Wasser mit dem Rum aufkochen. Teebeutel zugeben, vom Herd nehmen und 1 Minute ziehen lassen. Teebeutel zwischen zwei Esslöffeln kräftig ausdrücken und entfernen. Die Kuchenstücke mit der Tee-Rum-Reduktion beträufeln.

3. Pflaumen abgießen und auf die Kuchenstücke verteilen. Mandeln in einer Pfanne ohne Fett goldbraun rösten. Kuchenbrösel, 1 TL Puderzucker und 1 Prise Zimt zugeben, dann noch 1 Minute mitrösten.

4. Pudding auf die Schnitten verteilen und mit den Mandelbröseln bedecken. Nach Wunsch mit Puderzucker bestäuben.

Mit einer Kugel Vanille- oder Schokoladeneis serviert, wird dieser „Schnelle Teller" zum festlichen Menüdessert.

25 Minuten

30 Minuten

Die Miniatur-Möhrenkuchen erinnern an die „Schweizer Rüeblitorte", die traditionell noch Nüsse enthält. Ihren Namen haben die "Möhrenpuffer" aus dem Norddeutschen, dort werden Rühr- und Napfkuchen gerne Puffer genannt, sie schmecken warm und kalt.

SÜSSE MÖHRENPUFFER MIT VANILLE-SAUERRAHM

ZUTATEN FÜR 8 PUFFER

1 Ei (M)
50 g weiche Butter
90 g brauner Zucker
100 ml Milch
Salz
70 g Mehl
70 g Vollkornmehl
2 TL Backpulver
200 g Möhren
Fett für die Form
1 Vanilleschote
150 g Joghurt
25 g gehackte Pistazien

ZUBEREITUNG (**30** MINUTEN)

1. Ei, Butter, Zucker, Milch und 1 Prise Salz mit einem Handrührgerät verquirlen. Mehl mit Vollkornmehl und Backpulver mischen, zugeben und zu einem glatten Teig verquirlen. Möhren schälen, grob raspeln und unter den Teig mengen.

2. Den Teig auf 8 Portionsmulden eines gefetteten Muffinblechs verteilen. Im heißen Ofen bei 190 °C Ober- und Unterhitze auf der zweiten Schiene von unten 20 Minuten backen.

3. Vanilleschote längs halbieren, das Mark herausschaben. Joghurt mit Vanillemark glatt rühren. Die Muffins mit dem Vanillejoghurt und Pistazien servieren.

Der saftige Bananenkuchen ist schnell zusammengerührt. Er schmeckt warm oder kalt, man kann ihn also auch gut vorproduzieren. Mit Schlagsahne und Mangokompott serviert, passt er ebenso auf die Kaffeetafel wie zur Gartenparty, wo man ihn als fruchtig-süßen Abschluss reichen kann.

BANANENKUCHEN MIT MANGOKOMPOTT

ZUTATEN FÜR 4 PERSONEN

1 Vanilleschote
150 g Butter
150 g Zucker
Salz
4 Eier (M)
400 g Bananen
250 g Mehl
100 g Kokosflocken
1 Päckchen Backpulver
1 Mango
40 g brauner Zucker
1 unbehandelte Limette
Saft von 1 Orange
150 ml Sahne
1 Päckchen Vanillezucker

ZUBEREITUNG (**35** MINUTEN)

1. Vanilleschote längs halbieren, Vanillemark herausschaben. Butter mit Zucker, Vanillemark und 1 Prise Salz mit einem Handrührgerät verquirlen. Eier nacheinander unterarbeiten. Bananen schälen, mit einer Gabel zerdrücken und unter den Teig quirlen. Mehl, 50 g Kokosflocken und Backpulver vermischen und unterrühren.

2. Ein tiefes Backblech mit Backpapier auslegen. Den Teig hineingeben und zu einem Viereck von ca. 30 × 30 cm verstreichen. Mit 50 g Kokosflocken bestreuen. Im heißen Ofen bei 200 °C Ober- und Unterhitze (Umluft nicht geeignet) auf einer der unteren Schienen 25 Minuten goldbraun backen.

3. Mango schälen, Fruchtfleisch vom Stein schneiden und fein würfeln. Braunen Zucker in einem Topf schmelzen. Limette abreiben, Saft auspressen und beides mit den Mangowürfeln in den Topf geben. Mit dem Saft der Orange ablöschen und offen 3 Minuten dicklich einkochen. Mit einem Schneidstab leicht anpürieren und kalt stellen.

4. Kuchen in Rauten oder Würfel schneiden. Sahne mit Vanillezucker cremig (nicht ganz steif) schlagen und mit dem Kompott zum Kuchen servieren.

35 Minuten

15 Minuten
20 Minuten
SCHNELLER TELLER
30 Minuten

Impressum

Herausgeber
Ralf Frenzel

2. Auflage 2012

www.tretorri.de

Idee, Konzeption und Umsetzung:
CPA! Communications- und Projektagentur GmbH, Wiesbaden
Die CPA! ist Mitglied der Deutschen Akademie für Kulinaristik und fördert
Slow Food Deutschland e.V.
www.cpagmbh.de

Fotografie: Andrea Thode, Hamburg,
Astrid Grosser, Hamburg (Seiten 2/4-7)
Rezepte: Stevan Paul
Text: Effilee-Redaktion

Gestaltung: Gaby Bittner, Wiesbaden
Reinzeichnung: Peter Winkelmann, Wiesbaden
Reproduktion: Lorenz & Zeller, Inning a. A.

Printed in Germany

ISBN 978-3-941641-83-9

MIX
Aus verantwortungsvollen Quellen
FSC® C022274

Antipasti-Gemüse-Salat aus dem Ofen mit Sauerrahm, Schinken, Oliven, Ziegenkäse
und Brot
Calamares aus der Pfanne mit Zitrone und Olivenöl, Petersilie, Kapern und
Backkartoffel-Stampf
Schnelle Pfannen-Moussaka mit Lammhackfleisch, Paprika, Auberginen,
Reiskornnudeln und Feta
Soba-Nudeln in Asiabrühe gegart mit Blattspinat, Shiitakepilzen und Spiegelei
Hummus-Kichererbsenpaste auf Tomaten-Zwiebelsalat mit Petersilie und
In Whisky marinierter Lachs, gebraten auf Ceasars Salad mit Mais
Schneller Bananen-Rührkuchen vom Blech, mit Kokossahne und gekühlter
Garpacho
Gin-Tonic-Scratch: Gurken-Sorbet mit Tonicwater und Hendricks Gin auf
im Eisfach gefroren